アジアの
法整備と法発展

金子由芳 著

大学教育出版

はじめに

江戸時代は文化文政期、城志賀の作詞作曲になる上方の地唄『万歳』は、「商い神」エビスを寿ぎ、「あきない繁盛と守らせたもうは、まことにめでとう侍いける…」と節回しもよろしく謳いあげる。歌詞は「王は十善、神は百善…」と続き、政府の人為的介入よりも、商い神の見えざる手に委ねられた自由な市場環境が望ましいことを伝え、有名な「やしょ女、やしょ女、京の町のやしょ女、売ったるものはなになに…売り買うありさまは、げにも治まる御世なり…」と、生き生きとした市場の描写へと続いていく。

明治近代化に伴い欧米型法典体系が整備され、「開発国家」が確立する以前に、日本には豊かな民商事規範が存在し、行政規制の介入に対して一線を画していた。それらは単なる慣習にとどまらず、裁判規範として参照され、判例法としての整備発展が行われていたことは、明治初期の日本法制の動態を観察したジョン・H・ウィグモア博士が指摘し、今日までに法制史家による上方の金公事判例の資料的研究などを通じて徐々に実証的に明らかにされている。上記の地唄にみるような民俗的な資料もまた多くのことを語っていよう。

しかしそのような豊かな制度遺産を、明治近代化の制度構築は一気に廃し去り、代わって西洋型法典を移植し、註釈学的な画一的適用が推し進められようとした。フォーマルな成文法体系の形づくる実定法秩序が唯是とされ、社会経済に根ざしたインフォーマルな民商事規範は、「法例」第2条のもと法の欠缺補充以上の役割を否定されようとした。にもかかわらず、この上からの画一的な近代化の企図は、ときに司法現場で突き崩され、法解釈というボトムアップの規範再構築に委ねられていかざるを得なかった。明治以来の日本の判例法の展開は、まさに実定法と慣習法の交錯しあう緊張関係のなかから、欧米の借り物ではない自らの法発展が進められた足跡そのものであったと考えられる。であるとすれば、静的な実定的知識のみならず、日本の判例や司法文化の動態のなかにこそ、日本法の実像が見いだされ、またアジア諸国の法整備・法発展にとっての有益なヒントも数多く眠っているに違いないと思われる。

じじつ、1990年代半ばに日本からアジア諸国向けに開始された政府開発援助（ODA）による「法整備支援」は、法学者より以上に裁判官・検事・弁護士といった実務法曹が支援の中核を担い、書かれた法ではない、実質的な日本法の経験知を身をもって紹介していった経緯が見いだされる。「法整備」というとき、それは法実証主義的な意味で書かれた法の「移植」を思わせる。たしかに日本の法整備支援でも、民法典や民事訴訟法典を中心とする「立法支援」の側面を中心に内外に紹介されてきた観がある。しかしそのじっさいの活動領域を客観的に見渡すならば、裁判の独立と質的向上に向けられた「司法支援」の比重が、より大きい。立法支援はむしろ、長期的で濃厚な司法支援の深まりにとっての端緒に過ぎなかったように理解される。そこで日本支援が伝えようとしてきた制度経験は、自国の実定法モデルそのものではなく、むしろ実定法が司法過程を通じて、社会内の諸規範に揉まれながら変容し、安定した法秩序が再構成されていく、一連の「法発展」のサイクリカルなメカニズムであったように思われるのである。本書では、日本の法整備支援を、そのような現地社会主体の「法発展」に向けられた一連の立法支援・司法支援の総体として理解し、そこで伝えられようとしてきた経験知のエッセンスを見極めるとともに、これを受け止める諸国の側の現実の制度動態を観察してゆきたい。

本書の執筆は、米国University of Washington School of Lawにおける客員研究機会（2009年3月～12月）に恵まれ、貴重な研究交流や執筆時間を得られたことに多くを負っている。米国法は混沌として、グローバル・スタンダードと呼ぶにはそれ自体があまりに多様である。判例法主義と称しても、司法現場は裁量色が顕著で統一性・予測可能性がみえない。各州立法がこの司法裁量にタガをはめるべく、それぞれの政策路線を追求しているが、それはまるでイデオロギーの見本市を思わせ、自由放任を制度保障するリバタリアニズムで企業誘致を図る州から、社会主義かくやの介入的な強行法規を並べ立てる州まで、多様である。しかしそうした州法の個性も、近年の連邦最高裁の判断傾向により、自由放任優位に進む連邦法に先取り（preempt）される傾向がみえていた。法は政治を映す鏡であるかのように変容し、自立性がつねに危殆に晒されている。このような米国法の混沌のなかから、あたかも複雑な社会実験のようにして、なにものかが生み出されていく可能性もあろう。しかしそのような社会実験の結果を待つことなく、米国や国際開発機関による「法整備支援」は、米国法のなかでもっとも企業優位の、自由放任主義的な法設計をグローバル・スタンダードとして採用し、アジア・アフリカ諸国にコンディショナリティやモデル法として押し広めている。これら「法整備支援」は人権・ガバナンス・法の支配といった聞こえのよい用語群に彩られて推進されてけれども、その法設計の内実にはグローバリゼーションと同義化された「開発」定義が隠され、経済成長率として示される功利主義的な効率が、いまなお究極的な追求価値とされている。

「法と開発」研究は、米国の法社会学会（Law & Society Association）を中心に欧米各地の研究者を取り込み、新自由主義志向の法と経済学者から、慣習法擁護の法人類学者まで、多様な政策的見地が入り乱れ収拾のつかない形で展開している。この多様性のなかから何かが生み出されていく期待はある。ただ残念なことに、この研究分野はあくまで欧米研究者がアジア・アフリカの法現象を研究するという一方通行が、動かしがたく定着している。途上国側から若干の参加者が呼ばれても、それは欧米主体の学会に現地情報を提供する意味しか期待されていない。議論の主流は、途上国の開発独裁体制にいかに欧米流の法の支配をもたらすかであり、たとえばコロンビア大学 K. Pistor 教授らの「移植」論、また V. Taylor 教授他のオーストラリアの論客が盛り立てようとしている「regulatory」論しかりである。しかし「いかに」の前に問われるべきより根本的な「なぜ」や「なに」は数多い。なぜ途上国の開発独裁を嘆く前にこれを支えつづける欧米の開発支援の是非を問わないのか。なぜ法の支配と称して、自由放任主義の色濃いモデルを持ち込むのか。法の支配のモデルとは、より具体的には何であるべきなのか。筆者はこの研究領域に日本から参加する数少ない研究者として、アジア・アフリカの側から、またそこに重ね合された日本自身の経験の側から、欧米法・欧米ドナー全体の法整備のありかたを見つめ直していく視点を持ち込もうとしている。本書はその一つの試みでもある。

本書執筆の契機となった、米国における滞在機会を提供いただいたワシントン大学アジア法センター長（当時）Veronica Taylor 教授には、心より感謝申し上げたい。またこの研究滞在につきご支援いただいた神戸大学六甲台後援会に、この場を借りて御礼申し上げたい。また本書の内容面に関してたびたび貴重な含蓄深い助言を頂戴したニューヨーク大学ロースクールの Frank K. Upham 教授、また Law & Society Association における「法と開発」分科会ほか有意義な研究交流の場を設けていただいたシカゴ大学ロースクールの Tom Ginsburg 教授、また同教授主催の Law & Development ブログ（http://lawdevelopment.blogspot.com/）を通じて鋭い刺激を与えてもらったオンライン討論関係者、そして日本から貴重な助言を送り続けていただいた科研「法整備支援の影響評価と日本の役割」共同研究メンバー諸氏、なかでもとくに、本書の研究資料の中核をなす日本の法整備支援の詳細につきご教示いただいた、ベトナム支援専門家の井関正裕教授（関西大学・元裁判官）、およびインドネシア支援専門家の草野芳郎教授（学習院大学・元裁判官）に、心より御礼申し上げ、本書のささやかな成果を進呈させていただきたい。

2010 年初春、梅の香充ちる六甲台にて　金子　由芳

アジアの法整備と法発展

目　次

第1章 アジアの法発展と日本の役割

1. 本書の目的 —日本の経験知とアジアの出会い—

(1) アジアにおける法整備の文脈

本書は、日本からアジア諸国への「法整備支援」を通じた関わりが、どのような意味を持ちうるのかを考えていくことを通じて、アジアの法発展にとっての有益な方向性を検討するとともに、日本法自身の明治近代化以来の制度経験を内省する視座をも試みたい。

1990年代初頭のソ連東欧諸国の社会主義体制崩壊を契機として、欧米資本主義諸国の法曹や法学者が国際援助の前線で活躍する「法整備支援」ブームが開始した(金子 2007)。「国家の後退」(Strange 1996)と称される風潮が広がり、ついで「東アジアの奇跡」(World Bank 1993)とも称されたアジア諸国の開発国家型発展が1990年代後半のアジア通貨危機で頓挫したことは、市場主導型の法整備支援にさらに拍車を掛けた。このような法整備支援の国際潮流に遅れまじと、日本の政府開発援助(ODA)もまた1996年以降に、ベトナム・ラオス・カンボジア・ウズベキスタン・モンゴル・中国など、アジアのいわゆる市場経済化諸国に対する法整備支援を開始した(法務省法務総合研究所 2002～)。またアジア通貨危機の文脈では、インドネシアやタイに競争法や知的財産法などの経済法制面を中心とする法整備支援を行っている（小畑 2004）。

このような日本によるアジア諸国への関与は、欧米ドナーの実施する法整備支援への追随に過ぎないのか。それとも日本ならではの役割がありうるのであろうか。日本の法整備支援を牽引してきた碩学らの見解によれば、西洋近代法を継受し定着させたアジアの稀有な成功例である日本の経験知をアジア諸国に伝授せんという、いわば近代化の優等生的な文脈で、日本の法整備支援の意義が説かれてきた（三日月 2005）。それだけに、第二次大戦前の近隣アジア諸国の属国化を髣髴とさせ、国益的関心からする日本法モデルの輸出戦略であるとの批判もなされてきた（Taylor 2005）。日本支援が自国の経験知の輸出を意図することは否めないとしても、しかしそれを単なる自国の実定法モデルの輸出としてのいわゆる「法の移植」（legal transplant）と理解することは、おそらく不正確であろう。

なぜなら日本の法整備支援に関与した法学者・法曹は、深い自問自答を迫られながら、支援方針の模索を続けてきたことがうかがわれるためである（森嶌 2001; 森嶌 2002; 戒能 2001; 竹下 2004; 三日月・前掲他）。そこでは日本の特定の実定法モデルの輸出ではなく、むしろ自らもアジアの一国として欧米法の移植課題に立ち向かってきた日本ならではの制度経験知の提供が、強調されてきたことが見いだされる。それゆえに法整備支援の過程では、欧米ドナーと激しく対立する局面もあったのである。以下第2章でその主な事例を概観する。

なかでも主要な論点として、欧米の外圧による法整備という受動的文脈を、法整備を通じた経済社会発展という内発的文脈に読み替えることに成功した「主体性」の問題がある（森嶌 2002, p.31）。これは、アジア諸国の法整備にとってあまりにも重要な論点である。なぜならアジアにおける近代実定法は、植民地宗主国の支配の具として持ち込まれた過去がある。植民地独立に伴い、法整備の主体性回復は不可欠の課題となったが、多くの国で旧宗主国の影響がやむなく残された[1)]。さらに現代では国際復興開発銀行（世銀）やアジア開発銀行（ADB）などの国際開発機関が主に英米法型の経済法制モデルの導入を強め、その推進手段として、融資提供条件（コンディショナリティ）やパフォーマンス評価格付けなどの圧力装置の活用を強めている（金子 2004）。度重なる外圧がアジア法の整備における「主体性」を困難な課題としてきたのである。日本支援はこの「主体性」の問題に敏感であり、立法支援の多くでは、相手国側の提示する草案に対する部分的な助言が旨とされた（ベトナム新旧民法典支援・民事訴訟法・民事執行法・不動産取引法・破産法・担保取引法等、中国会社法・競争法・民事訴訟法等）。また例外的に起草を全般的に支援したカンボジア民法典・民事訴訟法典支援においても、日本の現行法をモデルにすることなく、むしろ日本の法典改革議論の渦中で論じられてきた最先端の知識が伝えられようとしていた（森嶋 2001）。本書では第3章で、とくに世銀・ADBなどの有力な国際開発機関（いわゆるマルチ・ドナー）が推進する「モデル法」の功罪をめぐって、この「主体性」の問題を検討してゆきたい。

第二の論点は「体系性」である。近代法整備過程の日本は、40カ国余りの欧米諸法を研究したうえで、あえて法典体系の構築の道を選んだ。こうした「体系性」の構築は、日本のアジア向け法整備支援においてもきわめて重視されてきたことは、民法典・民事訴訟法典の基本法典整備を中核とするその支援方針に表れている[2)]。世銀・ADB等の最も有力なマルチ・ドナーが米国流の司法の独立モデルや各種単行法モデルを矢継ぎばやに持ち込むなかで、なおも多くのアジア諸国は独自の憲法原理に固執し、また法典体系の整合性維持に苦しんでいる。アジア諸国が実定法の体系性に拘泥する理由はそれぞれ多様だが、植民地独立・統一的国家建設の文脈からする集権志向は共通していよう。その体系性への思い入れを理解し、拡散する社会経済条件の渦中でなお貫徹されるべき基本的規範原理の構築や実施メカニズムを支援する意義は大きい。本書では第4章で、社会主義憲法のもとで法典体系の構築・実施に意を砕くベトナムを素材として、日本からの支援の役割を考察してゆきたい。

第三に、日本が実定的な法典体系を固定化させず、判例法・紛争解決過程を通じて慣習規範を取り込み、規範の整合的発展を継続してきた動態面への注目がある（前掲・戒能 p.70）。この点もまた、アジアの法整備にとって欠かせない一つの視座であろう。アジア諸国の実定法が植民地宗主国の支配の具であった事実は、いまなお多くのアジア民衆に実定法に対する懐疑を抱かせる原因をなし、結果として慣習法が現在まで現実の規範として尊重され維持されてきた側面は否定できない[3)]。また多くの諸国で独立後の実定法整備は、開発独裁的な行政法規の乱立として展開し、それは得てして経済開発志向に偏重し、慣習法秩序との対立を深めてきた。さらに現代における法整備支援ブームは実定法の道具主義的利用を進め、慣習法秩序との規範的溝はいや増している。法整備支援は実定法の道具化に与して終わることなく、現地社会主体の規範原理の選択を可能にしていく基盤づくりに仕向けられるべきである。本書では第5章で、代替的紛争解決制度（Alternative Dispute Resolution: ADR）の支援をめぐって、この実定法・慣習法規範間の架橋の問題を検討してゆきたい。

（2） 主体性と受容性

1990年代以降のマルチ・ドナーが牽引する法整備支援戦略の最大の特色は、コンディショナリティや評価格付けといった圧力装置を駆使した、意図的な法制度の「収斂」(convergence) であったといえよう。こうした圧力に晒される受け手の側がどこまでの主体性を有するべきかは、一つの不可欠のテーマである。世銀等のマルチ・ドナー周辺で影響力を有する「法と経済学」の論客のあいだでは、英米法モデルの優位性を主張する華々しい論考が行われ（La Porta et al. 1997; La Porta et al. 2007 他)、さらに、その前提のうえで英米法モデルの移植をいかに成功させるかの技術論へと議論は展開しており、受入れ国側が主体性をもって「受容」することが法の移植の成功の秘訣であるとの示唆がなされている（Berkowit, Pistor, & Richard 2003)。日本もまたその主体的受容の成功例として言及されたことは皮肉であった（ibid. Table-3)。

近代日本法の形成過程は、条約改正交渉などの外圧もさることながら、明治初期から早々に着手された「主体的」な営為であったことは事実であり、そこには新政権の戦略として、旧幕藩体制の既得権を否定する自然法論的な正当化根拠として、かつ富国・経済開発の道具的手段として、近代法整備を積極的に進める意図が存在したことが知られている（福島 1953)。このような日本の法整備の「主体性」は、現代のアジア諸国が融資コンディショナリティとして、あるいはWTO加盟や自由貿易協定の交換条件などとして、強圧的にモデル法の採用を迫られるグローバル化時代の法整備契機とは、大きく異なるようにみえる。

しかし、日本の近代法形成過程が「主体的」であったということは、けっしてそれが当然に「受容的」であったことを意味しない。たとえ明治政府じたいが受容的な方針であったとしても、社会一般は激しい抵抗を示したのであり、事実として立法過程は暗礁に乗り上げた。その最たる例は周知のように、フランス法学者ボアソナード（Gustave E. Boissonade）の起草に成る旧民法（明治23年・1890年）がひとたび帝国議会で成立しながらも、固有の法規範に依拠した法典を要求する世論の高揚により棚上げされ、後日廃止された事実である。政府は新たに日本人の法典起草グループを選定し、いわゆる慣行調査を並行させつつ、再起草を進めた。その結果成った現行民法典（明治31年・1898年）は、ドイツ民法典第一草案の影響色濃く、資本主義独占段階に移行しつつある19世紀末の時代背景を体して、絶対的所有権と取引の自由に奉仕する資本主義高度化志向が顕著であった（池田1998, p.48）。帝国議会での審議過程では当然ともいうべく議論は緊迫し、利息制限規定の導入や賃貸借の長期化など、生活者利益に立って草案の過度な資本主義志向を戒める修正が追求された（広中1986）。このように法典形成過程は、たとえ静的な法実証主義的見方からしても、単純な「受容」などではありえず、複雑な政策選択と政治過程の賜物であった。

さらに法典の動的な実施過程に目を転じれば、その成立直後から、所有権偏重型の物権法などを修正する補充的立法や司法解釈が展開を遂げていく。大審院は、民法典施行翌年にはすでに「権利濫用」を根拠として、所有権の絶対性を制限し慣習的利用秩序を肯定する大胆な司法解釈を展開しており、政府との確執さぞやと思わせる。その後の日本経済は、まさに前近代期の閉鎖的農本経済から激動の資本主義化・国際化へと変転し、その間の膨大な社会的矛盾が紛争解決過程に持ち込まれた。裁判所は硬直的な法典と激動する社会経済的要請の狭間で突き動かされるようにして、独自性ある法典解釈を判例として蓄積し、いわゆる「実質的意味における民法」を形成して今日に至るのである（広中・星野1998）。学界も当初は註釈学の時代やドイツ法理の輸入時代が続いたが、大正期には法社会学の勃興を受けて肯定的な判例法研究が花開いた（六本・吉田2007）。日本法の真髄は、こうした社会経済変動を反映した果敢な法規範の発展成熟プロセスにこそあるとみることができ、その比較法的特色は「受容」ではなく「変容」にこそあるといえるであろう。

であるとすれば、日本の経験知から引き出される法整備支援への示唆は、「主体的な受容」ならぬ、「主体的な変容」である。日本の制度経験を西洋法移植の従順な「受容」とみなし、現代のアジア・アフリカ諸国の法整備にとっての模範例として紹介しようとする欧米ドナー周辺のみかたに対しては、修正を迫っていく必要がある。

(3) 規範体系の安定と変化

日本では、民法典成立100年を経て、日本法全体の規範体系のありかたが、改めて熱心に論じられている。まずは民法典が日本の私法秩序にとっての一般法であるという理解を、再確認する議論が行われている(星野 1998; 大村 2001)。民法典は歴史的経緯のなかでドイツ流のパンデクテン方式が採用されたことから、総則規定が冠として存在し、私法一般の階層構造の頂点に立つ基本原理ということになる。また多分に成立過程の政治的配慮から民法典の個別条文は抽象化され条分数も少ない(独仏の半分程度)ことから、一般法としての規範的性格はいっそう強いとみられてきた(松尾 2005)。しかし他方で、この抽象性ゆえに特別法による規範的侵食を許してきた事実もあり、とくに商法(1890年成立)を中心とする商事法分野の発達につれて、俗に民法の空洞化といわれる現象をもたらした。商化と生活者利益とのはざまで、判例による法解釈や利益衡量が精一杯の調整役を努めてきたとみられるが、現代における新自由主義・規制緩和・司法改革の外圧に晒され、こうした調整も限度に近づいている。現在改めて、民法典の私法基本法としての規範原理を再構築する新たな抜本改正論が叫ばれているゆえんであろう。

さらに、このような民法典の基本法たる役割の再論は、憲法を頂点とする公法秩序と私法秩序との体系的関係の再認識をも促している。従来は、私法秩序を権威主義的国家介入から擁護しようする自由主義的見地から、公法・私法二分論が主流であった。しかし1990年代以降の規制緩和・自由放任主義に伴う社会経済変動のなかでついに必要に迫られたというべく、いまや憲法原理と民法基本原理とを連続的な階層構造のなかで捉える相互依存論ないし重層論が強く主張されている（山本 2004 他）。いまや日本法の体系的中心で、規範構造に新たな息が吹き込まれようとしている感がある。

このような日本法全体の規範的再論は、新たな学説の潮流として展開されているようにみえるけれども、じつは長きにわたって積み重ねられた判例、判例理論の役割を前提として成り立つ議論といわねばなるまい。すなわち民法典の規範構造の頂点に立つ総則規定は「公共の福祉」「信義則」「権利濫用の禁止」（以上1条）や「公序良俗」（90条）といった基本原理を規定し、これら基本原理は、抽象的な民法各条項について司法過程が膨大な判例法を形成するに当たって、中心的な解釈原理をなしてきた。しかるにこれらの解釈原理じたいが、そもそも判例で形成された賜物なのである。先述のように明治期の民法典の形成方針が資本主義利益に傾斜したことから、法典制定直後から判例による規範修正が不可避となり、強者の私権濫用を制限する根拠としてこれらの解釈原理が生み出され、のちに第二次世界大戦後の新憲法登場と同時に、民法典改正（1947年）により明文化された経緯がある。たしかにこれら解釈原理は、私権に対する国家介入原理として機能した側面もまた否定できないとしても、しかし1990年代以降の判例傾向ではこれら解釈原理の本来的な規範調整的役割が発揮され、もっぱら生活者利益法や市場競争公序として規範体系全体の再構築を促しているという肯定的見方が示されている（広中 2006; 大村・前掲）。このような肯定的理解に立つかぎり、判例による民法典の読み替え→学説によるその拾い上げ→次なる実定法改革、へとつながる一連の規範修正のダイナミズムこそが、日本法の誇りうる制度経験知ということが可能であろう。

こうした規範体系の総合的見地からすれば、日本からアジア諸国に民法典や民事訴訟法典支援を行うという場合にも、単に日本の法典モデルを「移植」して事足りることはありえない。公法・私法を統べる現地法体系全体における法典の規範的位置を正確に理解し、かつその適用動態を背後で支える判例の役割や制度条件がともに支援されねばなるまい。このような体系的な支援姿勢は、現代の法整備支援において、きわめて重要であると考えられる。アジアや中南米の多くの法典諸国では、単発的な行政法規の乱発により法典の体系的位置づけが侵食の一途を辿っている（Kleinheisterkamp 2007)。またたとえ法典が裁判規範として適用される局面でも、司法現場が法典の硬直的な文理適用のフォーマリズムに陥り規範調整機能を欠いていると指摘されている（Hammergren 1998)。日本の法典体系もまた施行当初から行政法規による侵食の危機に晒されながら、これを潜り抜けてなお百年余り規範体系の中心で機能してきた事実は、このような諸国において大いに参照される価値を秘めていると考えられる。その体系的構造と制度条件をより要素分解的に研究し、対外的に紹介していく点に、日本の法学研究者の役割があろうと思われる。

（4） 実定法と慣習法の架橋

かつて植民地時代に、欧米宗主国は現地の固有法に配慮することなく母国法制を持ち込み、「法的多元主義」とも称される弊を引き起こした。それと同様に、現代の法整備支援もまた、欧米ドナーの移植するグローバル・モデルと、受入国の実定法と、ローカルな慣習法群とが複層的に並存する「法的多元主義」を来たし、これら規範秩序が相互に交錯しあう局面で混乱を生み出している（Benda-Beckmann 2006)。この問題の克服を、日本法の経験知をヒントに考えていくことが可能ではないだろうか。

この問題に一定の価値観に立って回答を導くことは難しくなっている。すなわち西洋普遍主義 vs. アジア的価値論の二項対立は根深い（今井・森脇・井上 1998)。このような二元論を超えて、非西欧社会の固有法のポストモダン的再認識を促す論調も行われており、例えば Chua（1999）の説く“vernacular communitarianism”は魅力的である。しかしこれに対して、アジアの共同体主義は前・民主主義的共同体主義であり、欧米における後・民主主義的共同体主義と同一視できないとして、欧米主導の“democratic multi-culturalism”を説く Kymricka & He（2005）などが対抗している[4)]。このように所与の価値的議論は終収がつかないとすれば、せめて、現地社会自身の手で、あるべき規範選択を自律的・帰納的に探り当てていくための手続メカニズムを論じることが、実践的糸口ではないか。H. L. A. Hart 哲学流にいえば一次ルール（primary rules）を導いていくための、二次ルール（secondary rules）の側からのアプローチである。

日本の明治期、欧米型近代法がモデルとして突きつけられた時代に、モデルを体現しようとする実定法と、国民一般の固有の法意識とのあいだで軋轢を生じ、規範調整が難航した。上述のようにボアソナード旧民法が固有法の扱いをめぐって法典論争を呼び施行延期となったが（明治23・1890年）、そこに至る資本主義法の揺籃期にもすでにあらゆる規範的軋轢が噴出していたことは、先行研究に詳しい（福島1953; 福島1962他）。その激動の渦中で、裁判所が、一つの規範調整の場として自ら任じようとしていた。たとえば明治初期から強引に進められた地租改正・所有権絶対化による農民の伝統的利用権の喪失をめぐって、大審院は慣習等を根拠に、伝統的利用権の保護のため独自の法理を生み出し、政府主導の実定法形成と対峙したことは特筆される（大河1990）。その後1898年の民法典施行と同時に「法例」第2条が登場し、慣習を法令の下位に置くことで判例法の生成に箍をはめ、またこのころ「老朽司法官」リストラ圧力が吹き荒れた。にも拘らず司法の場は、上述のように権利濫用論など独自の法理にしたがって所有権を制限し、入会権・水利権・漁業権といった慣習的・共同体的秩序の擁護に任じていった（大審院1899年2月1日付判決他）[5)]。日本の近代化過程でかくまで司法による実定法と慣習法の架橋が必要視される社会的ニーズがあった事実は、注目に値する。そしてこれら社会的ニーズに応える判例法形成は、「名もない顔もない」（フット2007）、と称される日本の裁判官らによる集団的営為の賜物であった。こうした司法による規範調整は、なぜ起こりえたのだろうか。判例法の規範内容の分析もさることながら、その二次ルールとしての機能を可能にしてきた制度条件にさらなる光が当てられ、日本法の経験知として提示されていくことが期待される。たとえば、近世から継承されたとみられる先例参照主義の制度文化（Wigmore 1928; 1969）、司法実務が自己発展させた精密な事実認定手法や判決理由書の精緻化（田辺1965; 近藤1978; 中野1986他）、法曹教育現場における要件事実論（伊藤2000; 大塚2005他）、そして判例動向を批判しつつ牽引する判例注釈研究の発達、などの一連の制度要因を経験知として抽出していく必要があろう。

同じ文脈で、フォーマルな裁判制度のみならず、裁判外紛争解決制度

(ADR) への注目も必要となる。日本の民法典実施過程では借地借家・小作・労働といった社会的紛争の多発分野で裁判所付属の調停制度が導入され、裁判上の和解ともども柔軟な紛争解決を担ってきた。こうした ADR の性格をめぐっては日米の研究者を中心に長く論争があり、川島法学以来の法文化論的批判がある一方で (Kawashima 1963)、効率的な訴訟代替手段だとする肯定的見方もある (Haley 1978; Ramseyer & Nakazato 1989 他)。おそらく司法実務家の研究が指摘するように日本の ADR には実定法規範の「乗り越え型」と「先取り型」とがあり (草野 1995)、明確な法規・法解釈が蓄積した今日こそ、「先取り型」ないし訴訟代替手段としての利用が中心的であるとしても、実定法と社会規範とが衝突を重ねた激動の時代には「乗り越え型」が主流であったと思われる。それは前近代的「内済」の場であるどころか、実定法に修正を挑む新たな規範醸成の場であったことが想像される [6)]。法的多元状況を抱える現在のアジア諸国にとって、安定的に定着した現在の日本の ADR 以上に、社会変動期の日本の ADR の探究がより示唆を含むと考えられる。

2. 本書の方法 —「法と開発」研究の新たな模索—

(1) 法と経済学のアプローチと限界

現代の法整備支援をリードするのは、英米法系ドナーである。1960 年代に隆盛した米国の自由法学運動 (Trubek & Galanter 1974)、1980 年代の米国による中南米累積債務諸国向け法整備支援 (Hammergren 2003)、1990 年代初頭からの旧社会主義体制移行国向け支援 (Black & Kraakman 1996; Pistor 2000)、そして 1990 年代半ば以来のアジア通貨危機諸国向け法整備支援 (金子 2004; Halliday & Kurrthers 2008)、これらはいずれも米国政府 (USAID・国防総省・商業省他) の支援方針がリードし、世銀・IMF・米州開発銀行 (IDB)・欧州復興開発銀行 (EBRD)・アジア開発銀行 (ADB) といった国際開発金融機関らがこれをバックアップし、さらにカナダ (CIDA)・オーストラリア (AusAID) といった英米法系の二国間ドナーが協調するという、まさに英米法系ドナー総出の大掛かりな護送船団方式が見いだされた。その基本姿勢は公法面では米国流の三権分立・司法の独立型モデルや米国式ロースクール教育を移植し、私法面では米国流の経済単行法モデルを移植するが、ただし大陸法系諸国に対しては米国ルイジアナ州やカナダ・ケベック州などにおける大陸法知識を加味するものとなっている。とくに1990年代以降は、これらドナーのコンディショナリティ・モデル法・評価格付け制度の内容を点検するかぎり、米国法の動向のなかでもとくに新自由主義志向（デラウェア流の会社法、証券取引規則の規制緩和、救済手続優先の倒産法、抽象的便宜重視の担保取引法、社会余剰説の効率基準による競争法）を体現する制度設計が、グローバル・モデルとして推進されている（金子2004; 香川・金子2007第一章; 本書第三章）。

このような英米法系ドナーの法整備支援を理論的戦略面で支えているのが、「法と経済学」のアプローチである。当初は、開発・移行諸国に法整備を促す根拠として「法の支配」や「ガバナンス」理論が唱えられ（Shihata 1991, Posner 1998)、つぎに開発・移行にとってそもそも法制度は有用かの因果関係が盛んに論じられたが（Barro 1997; Clague 1997; Kaufmann et al. 2005等)、しだいにその有用性を自明のものとして現実の法整備支援プロジェクトが推進されていくなかで、論点はむしろ英米法・大陸法のいずれの法制度モデルの選択がもっとも有効かに移り、「収斂」理論（Pistor & Wellons 1998; Hansmann & Kraakman 2000; Pistor 2003等)、「法系」理論（La Porta et al. 1996; La Porta et al. 2007等)、「新経済体制論」(Djankov et al. 2003等）などが展開され、さらには選択された法制度モデルをいかに効果的に実施するかの「移植」理論（Berkowit, Pistor, & Richard 2003等)、などの華々しい論客が登場し、英米法モデルの推進に正当化根拠を与えてきた。

しかしこれら「法と経済学」による諸議論は決定的な弱点を有している。第一に、これら議論が計量的計測の対象とする「開発」とは何なのか。これは2000年に世銀が主催した第一回法制度整備支援国際会議の席上で、アマルティア・センの基調報告がいみじくも持ち出した根本的疑問であった（Sen 2000)。これら「法と経済学」の議論では、「開発」を単に経済成長率や金融量の増大といった右肩上がりの経済成果を基準に論じている。しかし「開発」が人間開発、貧困解消、人間の安全保障といった拡がりのなかで論じられている今日、このような端的な経済成長神話はもはや議論の前提として不適切である。

第二の弱点として、これら「法と経済学」の議論は、英米法と大陸法、という二元的分類に依存している。しかしこうした二元論は歴史的概念としては意味があるとしても、現実の法制度を理解するうえではあまりに単純である。なぜならまず欧米諸国の法制度設計そのものが多様かつ変容を続けているのであり、たとえば英国と米国は違うし、法分野によっても様相は異なるのであって、とても単純な二分類で現実の法制度を把握することはできない。さらに世界各地には固有の法秩序・法文化があり、欧米の影響を受け入れながらも、独自に変容しゆく動態のなかにある。単純化された歴史的分類に依存したマクロ的な理解では、そのような現実の制度的動態の把握は困難である。

（2） 法社会学のアプローチと限界

こうした「法と経済学」主導の法整備支援の推進に対しては、米国を中心とする法社会学の側から批判の矢を浴びせる動きがあり、「法と開発」研究（Law & Development Studies）とも総称されている（Tamanaha 1995; Rose 1998; Kennedy 2003; Trubek & Santos 2006 他）。これはかつて1960年代の自由法学運動が担った第一次「法と開発」ブームに対して、1970年代に徹底的な批判を展開した批判法学（Legal Critical Studies）の流れに端を発する一派であり（Trubek & Glanter 1974）、法整備支援における画一的モデルの移植志向や新自由主義傾斜を厳しく糾弾しつづけている。

米国以外からも、法整備支援に対する批判的な論調が呼応している。しかしこれらの論調は、抽象的批判を先行させる米国の論者とは異なり、法整備支援実務に関与しながら観察を行う実証的アプローチが中心である。大まかに2つの態度が見受けられる。一つは、英米法モデル主導の法整備支援に中立的に関与しながらメタ分析や実証的観察結果を提供するカナダ・オーストラリアなどの研究群である（Davis & Trebelicock 2008; Linsey 2006; Gillespie & Peerenboom 2009 他）。第二は、英米法モデルとは切り離された、法の支配や人権などの普遍的価値をアピールする法整備支援に率先して関与しつつ、研究素材を効率的に収集するオランダ・スウェーデンなどの研究群である（Otto 2006; Benda-Beckmann et al. 2006; Bergling 2006）。なおドイツ・フランス・日本など大陸法系の法整備支援ドナー国においては、実定法学者が率先して法整備支援に動員される背後で、法社会学者は法整備支援にほとんど関心を寄せてこなかったように見受けられる。

これらの法社会学・法人類学が主導する批判的アプローチは、一つひとつとしては興味深い実証的検証成果を数多く提起しながらも、具体的提言として収斂される傾向が見えない。結果として、批判のための批判に終わり、ドナーの法整備支援方針に修正を迫るに足るような現実的役割を果たせていない点が、弱点とされている（Benda-Beckmann 2006; Santos 2006; Davis & Trebelicock 前掲）。

（3）比較法学のアプローチと限界

比較法学は、伝統的には法実証主義（legal positivism）を旨とする実定法の比較研究領域である。先述の「法と経済学」や「法と開発」といった新派が、米国法学界を主たる舞台に、法整備支援をめぐって確執を深めてきたなかで、伝統の比較法学は超然として一線を画していたように見えるかもしれない。しかしじっさいには、比較法学はまさに英米法モデルのグローバル化推進論の渦中で積極的関与を行っていた事実が見いだされる。すなわち1990年代に米国の比較法学界では、大陸法系の比較法学者が主導してきた私法中心、大陸法・英米法二元論、実定法研究主体の研究姿勢に対する痛烈な批判が巻き起こった（Ewald 1995; Reimann 1998）。これは全米ロースクール協会（AALS）挙げての米国法のグローバル化宣言（1998年1月AALS決議）に呼応するもので、比較法学がこの時流に遅れてはなるまいとする声高な喧伝であった（Reimann 前掲、p.647）。他方で、このような比較法学の自己否定ともいうべき動向に警告を発する向きもあったが（Mattei 1998）、しかしそこには比較法学を「法と経済学」に接近させていく含みがあったことから、結果として「法と経済学」主流派による新自由主義的な法整備支援方針によって比較法学の既成概念が利用されて終わる結果を招いたように見受けられる（Mattei & Nader 2008）。すなわち先述のように、「法と経済学」の論客が展開した「法系」理論や「移植」理論といった英米法モデル推進論は、いずれも比較法学の伝統的な道具概念を安易に流用するものであったことは否めず、この展開を比較法学は座視したのであった。

しかしいっぽうで、比較法学の内部において、伝統的な法実証主義に依拠した「法の移植」(legal transplant) を批判し、法文化論的アプローチを探究するLegrandらの一連の議論が行われてきたことは、注目に値する。すなわち従来はWatson (1974/1993) の主張するように、「法の移植」とは、西欧中世のローマ法継受や啓蒙主義期の自然法哲学の輸出入に見られたような、法エリートによる実定法改革のための制度借用の営為に他ならないとする見方が主流であった。この見方からすれば、現代の法整備支援も優れた欧米ドナーが法案を起草し、それがそのまま受入国の国会を無事通過すれば、実定法改革としての「法の移植」はひとまず成功ということになる。しかしながらLegrand (1997; 2001) の指摘するように、「法」を単なる書かれた法を超えて社会文化的文脈と一体のものとして理解するとき、Watson流にいう「法の移植」とは、ある実定法モデルをその社会文化的基盤から切り離して機械的に輸出せんとする法技術家の奢りに他ならず、失敗が運命づけられている。このような法文化論的批判に対して、Watsonのいう法エリートの営為とは単なる机上の起草作業でなく、実定法改革を通じた社会課題の達成であり、法文化全体の変革を伴うとする弁護がある (Graziadei 2007, p.467)。しかしそのような実定法改革を手段とする上からの啓蒙的改革が真に有効でありうるか、つまり法の目的—手段思考が成り立ちうるのかについては従来から見解が分かれ、法は政治・経済を映しとる鏡に過ぎないとする見方と (Friedman 1973/1985)、社会課題に向けられた法的対応としての「法の移植」の連綿たる成功の歴史を再評価する見方 (Ewald 1985) とが対立してきた。この点に決着をつけるのは計量的な客観評価 (社会課題の達成率計測) であると一時は期待されたが (Mattei 1994)、現在までにそのような抽象的な社会課題の結果評価は技術的に困難だとする見解に逢着している (Kanda & Milhaupt 2003; Davis & Trebelicock 前掲)。このような応酬のなかで、「法の移植」をめぐる比較法学の議論は収束を見ず、むしろ前リアリズム法学的な「法の移植」概念はいまや放棄するべきだとする批判法学的な懐疑主義が勃興し、“productive misunderstanding”や“translations”といった言説を踊らせている（Mattei 2006, p.827）。

比較法学メインストリームにおけるこのような議論の拡散は、法実証主義の鎧を脱ぎ捨て新たな学際的アプローチへと歩みだそうとする、生まれいづる悩みでもあろう。日本法の知見はこの新たな方向性の模索において、一定の役割を果たしうるのではないだろうか。なぜなら日本の比較法学こそ、欧米法主流の法実証主義の枠組みに拘束され、不当な位置づけに抗って自己主張を続けてきた領域だからである（野田 1973）。つとに紹介されてきたように（大木 1992 他）、René David（1966）の法システム分類は日本法を極東法システムに位置づけ、Zweigert & Köts（1971）は日本法をアジア法から西洋型法への移行過程にあるとした。少なくとも法実証主義に立つかぎりは、ドイツ民法典が発効し比較法パリ大会が開催された記念すべき 1900 年までには日本がすでに基本法典体系を一通り整えていた史実に鑑みれば、これらの周辺的位置づけは不当である。Merryman, Clark & Haley（1994）らが日本法を大陸法系に分類する立場が、実定法分類としてまだしも正確である。いずれにせよこれら西洋法中心主義的な分類は、歴史的視座が着眼する起点や終点が定かでなく、また送り手と受け手の分類軸が錯綜している。歴史的過去にローマ法を継受したのちそれを自らの固有法と融合させながらそれぞれ発展させて現在に至る西欧諸国を細分類するのであれば、その西洋法を継受して自己流に発展させてきた日本やその他の非西欧諸国の現在形も、より精緻に分析されてよいはずである。このような西欧中心の比較法学の伝統的枠組みのもとでは、アジア・アフリカの法構造の正確な理解はきわめて困難であり、新たな脱構築が求められているのである。

（4） 融合的方法による「法と開発」研究

筆者は、法エリートによる上からの社会操作の具としての文脈が染み付いた「法の移植」の用語には一定の警戒感を持つ。しかし Legrand の法文化論におけるように「法の移植」を全面否定するのではなく、また批判法学のように法エリート批判の言説に向かうのでもなく、まずは法エリートの営為により開始された実定法改革たる「法の移植」の性格をよく確認したうえで、さらに法が法エリートの狙いを超えて社会内で変質し新たな規範として醸成されていく一連のボトムアップの法的変化を、観察し把握してゆくための出発点としたい。その意味ではLegrand流の法文化論の視点を、否定の終着点とせず、観察の出発点として考えるものである。したがって本書における叙述の対象は、法エリートの意図した実定法改革の顛末にとどまらず、司法・ADR現場における社会的紛争解決の制度変化に観察を向けていくことを試みる。

このような本書の方法的姿勢はけっして筆者のオリジナルではなく、日本の比較法学が法社会学や法制史研究との接点で育ててきたところの、法的変化・法発展を法文化の層にまで立ち及んで把握しようとする視座に連なるものである。こうした視座は論者によっては「広義の機能主義的手法」(Kitagawa 2006, p.246) とも、あるいは「比較法文化論的比較法研究」(真田 1989) とも称され、「比較法社会論」(広渡 2009; ドゥローブンク & レービンダー 1987) との接点で展開が期待されている方向性である。

では具体的に、そのような比較法と法社会学・法制史研究の融合的な位置で、どのような方法的アプローチが可能であろうか。広渡 (2009、p.106) が示唆するように、相手国の形式的法制度でなく、実定法と慣習法の相まった機能的等価物を観察・比較していくために、法と社会の動態へのミクロ的アプローチが不可欠である。本書においてはそのようなミクロの手法として、とくに日本の司法過程における規範形成機能をめぐって、これを保障しつつ統制する手続法的制度基盤を検討してきた学際的研究の蓄積に学び、これをアジアの制度状況の観察に応用したいと考える[7]。すなわち、実定的な民事訴訟法学の側では、法哲学 (田中 1981 他) や法社会学 (太田 1982; 同 1990 他) の刺激を受けながら、訴訟論的な手続構造の細部に下り至って民事手続現象を把握しようとする先行研究が存在する (吉野 1988; 原 2000 等)。こうした手続法的アプローチは、司法実務による要件事実論 (伊藤 2000) や事実認定・心証形成論 (近藤・前掲等) などの裁判技法の分析的解明、また民法学における法解釈の傾向や技法の研究 (瀬川 1991; 広中 1997 等)、などとの接点で深められていくなかで、精緻な実証的検討の深化の可能性を秘めていると思われる。またこのような手続法的アプローチは国際的にも、法社会学の先行研究における司法過程の究明姿勢と連なり（Luhmann 1974; Nonet & Selznick 1978/2001 等）、また最近の比較民事訴訟論とも称するべき新たな国際的動向と呼応し（Damasca 1989）、日本法・アジア法研究からの豊かな対外発信を可能にしていくのではないかと期待される。

注

1）独立後もオランダ由来の1848年法典を暫定維持したインドネシア、1980年代後半まで英国への上訴制度が続いたマレーシア、独立後もフランス由来の法典が効力を維持した中南ベトナム・ラオス・カンボジア、などである。詳しくはHooker（1978）、安田（2004）。

2）詳しくは事業毎に国際協力機構（JICA）が作成するログフレームであるProject Design Matrix参照。それらの概略について、金子（2006）参照。

3）この点の実証的検証として例えば、UNDP（2006）。

4）しかし欧米ドナー支援の現実は、本書第三章にみるように経済成長至上の新自由主義モデルであることが多く、単に実施過程の手続的正義として共同体的価値に一定の顧慮が義務づけられているに過ぎない（たとえばWorld Bank 2006参照）。経済的人間観を超えた人間開発価値の中心化には到達していないのである。Kymrickaらの語る欧米の啓蒙役への期待は虚しく響く。

5）これら共同体的秩序は時代を生き延び、いまや前近代的ならぬポストモダン的コミュニティとして立現れ、大規模開発事業への反対闘争などの要を演じている（名和田・棚澤1993）。

6）同一裁判官が裁判と和解を連続的に担う日本の手続文化については海外の論者の批判が根強いが、少なくとも実定法「乗り越え」の時代においては、この連続性は重要な意味を持ったはずである。裁判とADRとの手続的連続性は規範的連続性につながりうる。生々しいADR現場への接触が裁判官の内的な規範意識の変容を促し、ひいては判例法による実定法の規範修正を動かしていく源泉として機能した可能性は否定できない。

7）開発における“法の支配”の文脈で、受入国の自律的な法発展の制度保障として、実定法の不断の規範修正の手続メカニズムを論じるものとして、金子（2010）参照。

第1章の参考文献

池田恒男（1998）「日本民法の展開（1）民法典の改正—前三編」，広中俊夫・星野英一編『民法典の百年』所収.
伊藤滋夫（2000）『要件事実論の基礎』.
今井弘道・森脇康友・井上達夫編（1998）『変容するアジアの法と哲学』.
大河純夫（1990）「小作権の当然承継論における明治20年代の大審院判例について」，乾昭三編『土地法の理論的展開』.
太田勝造（1982）『裁判における証明論の基礎』.
太田勝造（1990）『民事紛争解決手続論』.
大塚直ほか編（2005）『要件事実論と民法学の対話』.
小畑徳彦（2004）「東アジアにおける競争法の発展と公正取引委員会の技術支援」，『日本国際経済法学会年報』13号.
大村敦志（2001）『民法総論』.
戒能通厚（2001）「法整備支援と比較法学の課題」，『比較法研究』120号.
香川孝三・金子由芳（2007）『法整備支援論—制度構築の国際協力入門』.
金子由芳（2004）『アジア危機と金融法制改革』.
金子由芳（2006）『国際協力事業団平成17年度客員研究員報告書：法整備支援における政策判断に資する立案・評価手法の検討』国際協力事業団国際協力総合研修所.
金子由芳（2007）「移行・市場経済化諸国における法整備支援」『アジ研ワールド』2007.（8）号.
金子由芳（2010）「開発における“法の支配”—新たな方法への模索」『国際協力論集』18巻2号所収予定.
草野芳郎（1995）『和解技術論』.
近藤完爾（1978）『民事訴訟論考第三巻・判決と心証形成』.
真田芳憲（1989）「基礎法学と比較法」，日本比較法研究所編『比較法の方法と今日的課題』.
瀬川信久（1990）「民法の解釈」，星野英一編『民法講座・別巻一』.
竹下守夫（2004）「ドナー間協力の課題」，『ICD News』14号.
田中成明（1981）「裁判による法形成」，『新実務民事訴訟講座・第一巻』.
田辺公二（1965）『事実認定の研究と訓練』.
ドゥローブンク，U. & レービンダー，M.（1987）『法社会学と比較法』.
中野次雄編（1986）『判例とその読み方』.
名和田是彦・棚澤能生（1993）「地域中間集団の法社会学—都市と農村における中間集団の公共的社会形成とその制度的基礎」，利谷信義他編『法における近代と現代』.
野田良之（1973）「日本における比較法の発展と現状」，『法学協会雑誌』90（1）号.
原竹裕（2000）『裁判による法創造と事実審理』.

広中俊雄編（1986）『第九回帝国議会の民法審議』.

広中俊雄（1997）『民法解釈方法に関する 12 講』.

広中俊雄（2006/1989）『民法綱要』.

広中俊雄・星野英一編（1998）『民法典の百年』.

広渡清吾（2005）「法的判断と政策形成」『法社会学』63 号.

広渡清吾（2009）『比較法社会論研究』.

福島正夫（1962）『地租改正の研究』.

福島正夫（1953）『日本資本主義の発達と私法』.

フット・ダニエル・H（2007）『名もない顔もない司法：日本の裁判は変わるのか』.

法務省法務総合研究所（2002～）『ICD News』各号.

星野英一（1998）『民法のすすめ』.

松尾弘（2005）『民法の体系（第 4 版）』.

三日月章（2005）『司法評論Ⅲ：法整備協力支援』.

森嶌昭夫（2001）「法整備支援と日本の法律学」『比較法研究』120 号.

森嶌昭夫（2002）「法整備支援をめぐる国際的動向と法整備支援活動の課題について」『ICD News』1 号.

安田信之（2004）『東南アジア法』.

山本敬三（2004）「憲法システムにおける私法の役割」,『法律時報』76 巻 2 号.

吉野正三郎（1988）「裁判による法形成と裁判官の役割」,『立命館法学』1988 年 5-6 号.

六本佳平・吉田勇編（2007）『末弘厳太郎と日本の法社会学』.

Barro, R. J.（1997）*Determinants of Economic Growth: A Cross-Country Empirical Study.*

Benda-Beckmann, F.（2006）"The Multiple Edges of Law: Dealing with Legal Pluralism in Development Practice," in *World Bank Legal Review,* Vol.2.

Benda-Beckmann, F., Benda-Beckmann, K. & Wiber, M.（2006）*Changing Properties in Property.*

Bergling, P.（2006）*Rule of Law on the International Agenda.*

Berkowit, D. Pistor, K. & Richard, J.（2003）"The Transplant Effect." *Am. J. Comp. L.* 163.

Black, B. & Kraakman, R.（1996）"A Self-Enforcing Model of Corporate Law," 109 *Harvard L. Rev.* 1911.

Chua, B. H.（1999）"Asian Values' Discourse and the Reconstruction of the Social Positions," 7 *East Asian Cultures Critique,* 573-592.

Clague, C. eds.（1997）*Institution and Economic Development: Growth and Governance in Less-Developed and Post Socialist Countries.*

Damaska, M.（1989）"The Face of Justice and State Authority," 41 *Stanford L. R.* 1313.

David, R. & Brierley, J. (1966/1985 3rd ed.) *Major Legal System in the World Today.*

Davis, K. & Trebelicock, M. (2008) "The Relationship between Law and Development: Optimists versus Skeptics," 56 *Am. J. Comp. L.* 895.

Djankov, S. & Glaeser, E. & Porta, R. L. & Lopez-de-Silane, F. & Shleifer, A. (2003) "New Comparative Economics," NBER Working Papers 9608.

Ehrlich, E. (1913) *Grundlegung der Soziologie des Rechts*, (or English version (1962) *Fundamental Principles of the Sociology of Law*, Russel & Russe).

Ewald, W. (1995) "Comparative Jurisprudence (I): What Was It Like to Try a Rat?," 143 *U. of Pa. L. Rev.* 1889.

Friedman, L. (1985) *A History of American Law*, 2nd eds.

Gillespie, J. & Peerenboom, D. (2009) *Regulation in Asia: Pushing Back on Globalization.*

Graziadei, M. (2006) "Transplants and Receptions," in *The Oxford Handbook of Comparative Law* (Reimann, M. & Zimmermann, R. 2006).

Haley, J. (1978) "The Myth of the Reluctant Litigant," 4 *J. Japanese Stud.* 359.

Halliday, H. & Kurrthers, B. (2009) *Bankrupt: Global Lawmaking and Systematic Financial Crisis.*

Hansmann, H. and Kraakman, R. (2000) "The End of History for Corporate Law," Yale Law School Working Paper No.235; Harvard Law School Discussion Paper No.280.

Hammergren, L. (1998) "Code Reform and Law Revision," USAID (Center for Democracy and Governance), PN-ACD-022.

Hammergren, L. (2003) "International Assistance to Latin American Justice Program: Toward and Agenda for Reforming the Reformers," in Beyond Common Knowledge: Empirical Approach to the Rule of Law (Jensen, E. & Heller, T. eds., 2003).

Hooker, M. B. (1978) *A Concise Legal History of South-East Asia.*

Kahn-Freund, O. (1972) "On Uses and Misuses of Comparative Law," 37 *Modern L. R.*

Kanda, H & Milhaupt, C. (2003) "*Re-Examining Legal Transplants*," 51 *Am. J. Comp. L.* 887.

Kaufmann, D., Kraay, A. and Mastruzzi, M. (2005) "Governance Matters IV: Governance Indicators for 1996-2994," World Bank Policy Research Working Paper 3630.

Kawashima, T. (1963) "Dispute Reslolution in Contemporary Japan," *in Law in Japan: The Legal Order in a Changing Society* (Taylor von Meheren, A. eds, 41-59).

Kennedy, D. (2003) "Law and Development," in *Law and Development: Facing Complexity in the 21st century* (Hatchard, H & Perry-Kessaris, A. eds., 2003).

Kitagawa, Z. (2006) "Development of Comparative Law in East Asia," in *The Oxford*

Handbook of Comparative Law 237（Reinmann, M. & Zimmermann, R. eds. 2006).

Kleinheisterkamp, J.（2007）"Development of Comparative Law in Latin America," in *The Oxford Handbook of Comparative Law* 261（Reinmann, M. & Zimmermann, R. eds. 2006).

Kymricka, W. and Hen, B.（2005）*Multiculturalism in Asia*, Oxford University Press.

La Porta, R., Lopez-De-Silanes, F., Shleifer, A. & Vishny, R. W.（1996）"Law and Finance," NBER Working Papers No.5661.

La Porta, R., Lopez-De-Silanes, F. & Shleifer, A.（2007）"The Economic Consequences of Legal Origins," NBER Working Papers No.13608.

Legrand, P.（1997）"Impossibility of Legal Transplants," 4 *Maastricht J. of European and Comp. L.* 111.

Legrand, P.（2001）"What Legal Transplants?," in *Adapting Legal Cultures*（Nelken, D, & Feest, J. eds., 2001).

Lindsey, T. eds.（2006）*Law Reform in Developing and Transitional States.*

Luhmann, N.（1974）*Rechtssystem und Rechtsdogmatik*, Kolhammer Verlag.

Mattei, U.（1994）*"Efficiency of Legal Transplants: An Essay in Comparative Law and Economics,"* 14 *Int'l Rev. of L. & Ecn.* 3.

Mattei, U.（1998）"An Opportunity Not to Be Missed: The Future of Comparative Law in the United States," 46 *Am. J. Com. L.* 709.

Mattei, U.（2006）"Comparative Law and Critical Legal Studies," in in *The Oxford Handbook of Comparative Law* 815（Reinmann, M. & Zimmermann, R. eds. 2006).

Mattei, U. & Nader, L.（2008）*Plunder: When the Rule of Law is Illegal.*

Merryman, J. H., Clark, D. & Haley, J.（1994）*The Civil Law Tradition: Europe, Latin America, and East Asia.*

Nonet, P. & Selznick, P.（1978, rev. 2001）*Law and Society in Transition: Toward Responsive Law.*

Otto, J. M.（2009）"Rule of Law Promotion, Land Tenure and Poverty Alleviation: Questioning the Assumptions of Hernando de Soto," 1 *Hague J. on the Rule of Law* 173.

Pistor, K.（2002）"The Standardization of Law and Its Effects on Developing Economies," 50 *American J. of Comp. L.* 97.

Pistor, K., Raiser, M. & Gelfer, S.（2000）"Law and Finance in Transition Economies," 8 *Economics of Transition* 325.

Pistor, K. & Wellons, P.（1999）*The Role of Law and Legal Institutions in Asian Economic Development 1960–1995*, New York, Oxford University Press.

Posner, R. (1998) "Creating a Legal Framework for Economic Development," World Bank Research Observer, 13 (1) February, p.1-11.

Ramseyer, J. M. & Nakazato, M. (1989) "The Relational Litigant: Settlement Amount and Verdict Rates in Japan," 18 *J. Leg. Stud.* 263.

Reimann, M. (1998) "Stepping Out of the European Shadow: Why Comparative Law in the United States Must Develop Its Own Agenda," 46 *Am. J. Com. L.* 637.

Rose, C. (1998) "The 'New' Law and Development Movement in the Post-Cold War Era: A Vietnam Case Study," 32 (1) *Law & Society Review* 93.

Santos, A. (2006) "The World Bank's Uses of the 'Rule of Law' Promise in Economic Development," in *The New Law and Development: A Critical Appraisal* (Trubek, D. & Santos, A. eds.).

Sen, A. (2000) "What is the Role of Legal and Judicial Reform in the Development Process," (presented at the World Bank Global Conference on Comprehensive Law and Judicial Development, June 2000, Washington, D. C).

Shihata, I. (1991) "World Bank and 'Governance' Issues in Borrowing Members," in *World Bank In a Changing World*, 53.

Strange, S. (1996) *The Retreat of the State: The Diffusion of Power in the World Economy.*

Taylor, V. (2005) "New Markets, New Commodity: Japanese Legal Technical Assistance," 23 (2) *Wisconsin Intl. L. J.* 251-281.

Tamanaha, B. (1995) "The Lessons of Law and Development Studies," 89 *American Journal of International Law* 470.

Trubek, D. & Gualanter M. (1974) "Scholars in Self-Estrangement: Some Reflection on the Crisis in Law and Development Studies in the United States," *Wisconsin Law Review*, 162-1102.

UNDP (2006) *Access to Justice in Aceh—Making the Transition to Sustainable Peace and Development in Aceh*, UNDP.

Watson, A. (1974/1993) *Legal Transplants: An Approach to Comparative Law.*

Wigmore, J. H. (1928) *A Paramount of the World's Legal Systems*, 3 vol., West Publishing.

Wigmore, J. H. (1969) *Law and Justice in Tokugawa Japan*, I-X, Tokyo University Press.

World Bank (1993) *East Asian Miracle*, World Bank.

World Bank (2006) "OP/BP4.10-4.11: Indigenous Peoples", World Bank.

Zweigert, K. & KÖTS, H. (1971) *Einfuherung In Die Rechitsverglerichung Auf Dem Gebiete Des Privatrechts.*

第2章 事例にみる法整備現場の課題

1. 主体性と受容性 ―カンボジア支援からの示唆―

（1） 日本の民法典支援とドナー間対立

法整備支援における主体性のありかたを考えさせる最も深刻な事例が、日本のカンボジア向け支援であった。

カンボジアの近代的な民事実定法整備はフランス保護領時代（1863年～）に開始した。1915年民法・民事訴訟法典（1920年全面改正）が存在し、その社会的定着のほどは疑問視されているとはいえ、独立後も存続した。しかし1975年以降のポルポト派による民主カンプチア政権時代に、これらの効力は否定された。1979年成立のカンボジア人民共和国のもとでも状況は変わらず、その末期の1989年憲法下で、民事法規という以上に行政法規の性格が色濃い契約令や土地法の若干の整備を行うにとどまった。法体系的には空白といってよいこの状況下で、1993年カンボジア王国が成立するや、一斉に欧米ドナーの法整備支援が流れ込む。ドナーはそれぞれ、政府の異なる部門を相手方として法整備支援を展開したが、これら政府部門はドナーに対してきわめて従順で、しかし部門横断的な相互調整を欠いていた。結果、相矛盾する各種草案が立法過程を通過してゆき、法体系を混乱させた。まさに法整備における「主体性を欠く受容」の典型例といわねばなるまい。

規範体系の根幹を担うべき法典起草支援については、植民地宗主国であったフランスが名乗り出ていたが、しかしフランス支援は刑事分野に力点を置き民事分野の体系化が遅れたため、改めて日本に対する支援要請が行われた経緯がある（森嶌 2002）。日本支援は 1999 年に開始され、民法典・民事訴訟法典の起草に当たって私法分野の体系的整合性に意を砕いた。しかしこの体系的関心ゆえに、世銀・ADB 等の有力なマルチ・ドナーらによる英米法系の単行法モデルの推進との正面衝突を引き起こした。とくに英米系ドナーが力点を置いた土地法・担保取引法・商事裁判所設置法などの領域で、熾烈なドナー間対立が現出していくこととなった（森嶌 2004; 竹下 2004; 安田 2005; 安田 2007; 坂野 2007）。

なかでも「土地法」をめぐる対立は、カンボジア社会に深刻な帰結をもたらしているといえよう。すなわち日本の民法典起草支援は 1999 年に開始し、2003 年 4 月の草案完成・手交をもって第一フェーズが完結した。しかしこの間には並行してアジア開発銀行（ADB）・世界銀行・独 GTZ が土地法起草を支援し、これと民法典草案との齟齬が目立っていたことから、日本側は早い段階から規範調整を申し入れていた。しかしながらグローバル・モデルへの「収斂」を意図する世銀・ADB 側は調整に応じず、2001 年に抜け駆け的に「土地法」を成立させてしまい、逆に日本側に対して民法典草案を修正するよう迫っていた。しかし民法典草案はカンボジアでの慣行調査を踏まえた成果であっただけに、日本側は外圧由来の土地法に対する義憤を募らせて譲らず、対立は深まった。

最大の争点は所有権登記制度の法的効果であった。「土地法」における登記はいわゆるトーレンズ方式であり所有権を終局的に確定する効力要件を意味したが、民法典草案においてはカンボジアの慣行調査を受けて、登記は第三者への対抗要件に過ぎず、所有権変動は当事者意思で成立するとしていた。背景に、日本明治期の登記制度の全土貫徹に 10 年近くを要したという自らの制度経験が踏まえられており、そうした長い過渡期にも引渡しによる慣習的な所有権変動は止められないし、他方で確定的登記の濫用も起こりかねないという現実的想定が存在していた。しかしこのような日本の経験知を度外視して、世銀・ADB 側の「土地法」は強行され、カンボジア政府はこれを唯々諾々と実施し、その後に深刻な社会的問題状況を来たしていったのである（坂野・前掲）。

いっぽう民法典草案とともに日本が支援を行った民事訴訟法典草案（2003年４月完成・手交）もまた、欧米ドナーとの対立に翻弄された。同草案支援のProject Design Matrixによれば、支援目標は、民法典草案ともども「カンボジア市民に受入れられる民事法体系の立法と実施」に置かれている。つまり日本の民法典支援は、立法過程で制定されて成功とみる法実証主義的関心を超えて、カンボジア市民の手で法典が紛争解決規範として現実に機能しゆく実施段階までを支援目標に含めていたのである。しかしこのような日本の機能主義的な支援方針に、カナダ・世銀の支援する「商事特別裁判所設置法」草案が対抗した（安田・前掲）。すなわち同草案は外資導入のために商事分野で迅速な紛争解決フォーラムを提供する点に主眼を置くもので、WTO加盟交渉のうえで不可欠のグローバル・モデルであるとして、強力に推進された。最大の問題は、同草案がきわめて広い専属的管轄権（商人間取引、非商人側が申立てた商人—非商人間取引、有価証券・会社法・倒産法・金融機関法・外為法・製造物責任法・海事法・競争法・反ダンピング法・知的財産権に関する全紛争）を主張し、かつこのような広い管轄下で民事訴訟法典の適用を排除し独自規則を適用すると宣言した点にあった（同草案31条）。その真意は外資促進のために、国際商事仲裁で採用されているごとき簡易迅速の手続選択や準拠法選択の当事者自治などを実現する点にあったとみられる。しかし、このような治外法権的フォーラムの専属管轄権を認めることは、単に民事訴訟法典の適用領域を狭めるというにとどまらず、民事訴訟法典がその実施を担う民法典以下の私法規範体系を大幅に侵食し、商事領域の自由放任主義を来たしていく顛末を示唆していたといえよう。そのような自由放任主義は、たとえ外資にとって歓迎されるとしても、経済的弱者（商事取引に取り込まれる一般消費者や中小企業者など）にとっては憲法上の裁判を受ける権利の剥奪を意味するとして、日本側は激しい批判を繰り広げたのである（竹下・前掲）。

このようなドナー間対立に直面して、カンボジア政府の姿勢は終止不鮮明であった。問題は一見、法の「移植」のモデル選択をめぐる、英米法モデルと法典主義モデルとの代理戦争であるかにみえた。しかしその本質は、グローバル・モデルへの「収斂」か、カンボジア自身の主体的な私法体系構築かという、法整備の方向性を決する高度な方針選択であったといわねばならない。日本側はここで、日本製法典を推進する国益主義（Taylor 2005 他）、と見做されかねない汚れ役を買ってまでなお、カンボジア自身にとっての主体的な法整備の重要性を主張したのである。

しかしWTO加盟や外資導入を意識してマルチ・ドナーへの配慮を怠らないカンボジア政府は、あえて明確な態度を示さなかった。この例にみるように、影響力を誇るドナーの外圧の前に、法整備支援の受け手側はしばしば主体性を発揮しがたいジレンマに陥る。この現実に鑑みれば、法整備支援研究は、受け手側の問題以上に、送り手側の法エリート批判・モデル批判を深めねばならないはずである。

（2） 法整備を既定する開発理論 —土地法の場合—

マルチ・ドナーが牽引するグローバル・モデルは、はたして強引な「収斂」に相応しい最善の選択肢といえるのだろうか。グローバル・モデルの設計方針は過去、おりおりの開発経済学のパラダイム変化に既定されて大きく動揺を繰り返してきたことが見いだされる。

カンボジア支援で問題となった土地法は、制度設計がことさら開発理論の変遷に振り回されてきた領域である。1950～1970年代には、土地法は農業生産性向上の文脈で語られていた。私的所有権概念は植民地宗主国による支配と資源搾取の道具であっただけに（Benda-Beckmann et al. 2006）、従属理論に立つ植民地独立期のアジア・アフリカ諸国は、反動的に土地集団化を試み、あるいは農業革命で協同組合的経営を進めるなど、私的所有権制度とは対極の土地改革へ向かった。これに対して世銀などの自由主義圏ドナーは、近代化理論に立ち、私的所有権の確立を通じてこそ農業生産性が上がると主張し、所有権登記制度を推進した（World Bank 1975）。1980年代後半の社会主義動揺期に、私的所有権の確立はドナー方針の中核に据えられていく（USAID 1986）。1990年代に入ると、新制度派経済学の興隆を受け、私的所有権は経済成長の制度基盤として純化され、もはや農業生産性云々のレトリックを脱し、土地流動化・利用高度化が正面から土地法の目標として喧伝されていった（Deininger & Squire1998）。

しかしこうした経済開発主導の実定法整備と並行して、現実に社会的機能を果たしてきた慣習法的利用権秩序の取扱いが、しだいに問題として浮上していた。経済成長が唯一の開発課題とされた過去には、いずれの開発理論も慣習法秩序を否定的に取り扱う傾向にあったといえ、すなわち社会主義的集団化は慣習法秩序を解体し、農業革命も慣習法秩序の生産性を疑問視し、また私的所有権推進論は自作農創出の名のもとに慣習的利用権の所有権への転換を迫り、多くは大土地所有の温存に帰した（梅原1991）。しかしながら1990年代以降の開発理論が新たに人間開発・貧困削減の文脈をクローズアップさせていったなかで、慣習法秩序の取扱いが改めて議論の対象とされている（World Bank 2003; Deininger 2003; UNDP 2008）。ただしこの問題について、ドナー間の方針は大きく二分化する傾向にある。

すなわち世銀周辺では、私的所有権優位の実定法整備を推進するかたわら、これと分離平行させる形で慣習法秩序を当面の保護の対象とする二元的方針が採用されている（Bruce et al. 2006, p.41）。しかしこのような二元的方針はじっさいには慣習法に実定法転換の一時的猶予を与えるだけに過ぎず、慣習法を実定法の用語で定義・保護する努力はいっさい行われていない。したがって、ゆくゆくは私的所有権秩序に取り込まれ、自然消滅が予定されているのである（Rolfes 2006）。この二元方針は、私的所有権優位の実定法整備を進めるための、新自由主義開発論者のレトリックに過ぎまい。慣習秩序を擁護するためにこそ実定法を推進すべしと直伝されているが（De Soto 1989; De Soto & Cheneval 2006）、しかしその実定法モデルは慣習法を尊重し取り込む制度設計をなんら伴っておらず、あくまで「コモンズの悲劇」を強調し市場の優位性を断定する議論が（多くの反証を無視して）雄弁に復権している。同様の立場は、慣習法配慮的な支援実務を展開しているかにみえていたUNDPにもいまや共有され（UNDP 2008, p.83-84）、勢力を強めている。

いっぽう、これとは対照的にEUの支援方針にみるように、私的所有権登記制度の強行に批判的で、慣習法秩序の適用範囲・実施体制を強化しようとする志向がある（EU 2004, p.18）。しかしこの方針のもとでは結果として実定法と慣習法とが早晩衝突し、現地社会は規範調整の努力を迫られざるを得ない。

（3） 新自由主義開発理論の顛末

カンボジア2001年「土地法」は、まさにこうしたマルチ・ドナーによる私的所有権推進の第三波ともいうべき時代の渦中で生み出されている。カンボジアでは社会主義ベトナム勢力の撤退に伴い、国連監視のもとで1993年王政憲法が成立し、自由権主体の人権リストの中核に私的所有権（44条）を位置づけた。またこれと前後する1992年「土地法」（19条）が宅地の私的土地所有権を打ち出していた。そこへさらにADBの農業政策改革支援融資TA2591-CAMが介入し、融資コンディショナリティとして、私的所有権制度を全土へ及ぼす新「土地法」の成立を義務づけ、これに世銀やドイツGTZ（Gesellschaft für Technische Zusammenarbeit）もまた関与を行った。

このうちADBの“Land of Their Own”なるキャンペーンによれば、新土地法の目的は「貧困削減のための国有地再配分」、つまり貧困者に土地を分配する小農創出政策が示唆されていた。しかしながら新土地法のもとで現実にカンボジア全土で生起している社会現象は、農民が長年保有耕作してきた土地利用権が否定され、国有地として没収され、さらにこれが「コンセッションの推進」と称して有力者のあいだに転々流通するという、空前の投機的土地取引ブームである（Oxfam 2005; NGO Forum 2008a; NGO Forum 2008b）[1)]。新土地法の制度設計のなにがこの悲劇をもたらしてしまったのか、以下その実体的内容面を概観してみる。

1） 所有権登記の立証要件―長期的土地保有の立証の壁―

2001年土地法（29-30・38条）は、過去5年間の平穏・無係争・公然・継続の占有、ないしは有償取得を、所有権登記の立証要件とする。カンボジア農民の8割が定住型農業に従事するといい、しかも自作農を中心としその土地保有は基本的に長期であるが[2)]、彼ら長期的な土地保有民の多くは書証を欠いていることが報告されている[3)]。結果、真の長期的保有者が所有権転換を経ることが不当に困難となっている[4)]。いっぽうで目下の登記制度が所有権のためにのみ進められ、制限物権や長期賃借権などの公示が不可能となっているために[5]、所有権転換を受けられなかった従来型の利用権を実定法上の制限物権や債権として保護していく道も事実上塞がれている。

2）見做し国有地規定によるコンセッション推進

このような立証構造の難点もあって、登記制度は進捗が極めて遅れている[6]。この遅れの間を縫って、未登記の農地が行政関係者に召し上げられる事態が多発している。その合法的根拠となっているのが土地法（12条）による、未登記土地の国有地見做し規定である。この「国有地」はさらに「国有公物地」と「国有私物地」のいずれかに分類され、後者であれば譲渡可能である（16条）。したがって耕作中の未登記農地が一方的に国有地と断定され、99年間まで可能な長期大規模コンセッション（59－61条）の対象として政府関係者・有力者に払い下げが起こっている[7]。こうしたコンセッションの多くは土地法（62条）の規定するコンセッション事業の利用開始義務に違背し、現実の土地利用なきまま、土地ころがしが跋扈しているという[8]。

3）土地法の集団的所有権—二元性・限定性・暫定性—

2001年土地法は、私的所有権登記制度と並行して、慣習法配慮をアピールする「集団的所有権」なる規定群を設けている（23－28条）。カンボジアの少数民族は36族、人口の4%弱ともいうが山間部に多く居住し、伝統的共同体秩序を維持している。2001年土地法はこうした伝統的共同体のために国有地を再配分すると称する（26条前段）。しかしその実質は共同体が旧来利用してきた土地を総括的に国有地とみなし、そのうえで、共同体としての行政的認知を受けた集団にのみ総有的利用を許していくという、剥奪の論理でしかない。しかもこの共同体認知を得るための要件・手続のハードルは非常に厳しく、すなわち民族的・社会文化的・経済的統一体であること、伝統的な生活形式を営むこと、その農耕方式は私的方式でなく集団的慣習に則ること、以上のような共同体としての存続・土地利用を現実に実施していること、を主張立証しなければならない（23条）。じっさいこれらの立証は困難であることから共同体認定は遅れているといい[9]、のみならず政府は今後これら共同体に対して法人格登録を義務づける政令を準備しており[10]、集団的所有権の主張可能性はますます狭められようとしている。

さらに留意を要すべき点は、たとえ集団的所有権が認定されてもこの権利は永続的なものとは見做されておらず、成員による持分の自由処分が組み込まれている（27条）。すなわち共同体の集団的所有地は共同利用部分と私的利用部分から成るが（26条前段）、このうち私的利用部分については「文化経済社会の進化に伴い伝統社会の束縛から開放されようとする個人意思を認めるため」とする理由で、個々の成員の申出による分割と、私的所有権設定が認められている（27条前段）[11)]。

以上からして、2001年土地法を支配したドナーの支援方針の実質は、新自由主義型の私的所有権推進に他ならないことがわかる。貧困者救済を強調するが、それはあくまでDe Soto流に慣習法上の私権や集団的権利を所有権転換することを通じて図られるとする立場である。しかし実際の法制度設計のうえでは、そうした従来型権利の所有権転換のための要件・主張機会はことさら狭められ、必要な法令整備も遅れ、結果としてむしろ従来型権利を遮断し新たな土地流動化に道を開く構造が浮き彫りとなる。また登記制度は所有権のみを対象として絶対化し、従来型権利を制限物権や債権として保護していく道も塞がれている。こうした状況を奇貨とした制度濫用が蔓延し、土地紛争が全土で噴出しているが、ドナーの間にはいっさいを現地政府のガバナンス能力の低さに帰責する言が行われ、現行の制度設計を見直す気運はうかがわれない[12)]。

（4） 示唆：法の移植の主体性回復へ向けて

ドナー主体の「法の移植」が強行され、受入国が唯々諾々と「受容」に徹する構造のもとでは、法整備はたとえ一時的に投機的経済効果を挙げうるとしても、社会的・持続的な開発効果を得られず座礁するであろう。この教訓は、「受容」を「移植」の成因とみなす先行研究に対する有力な反証となる。

さらにより本質的な教訓は、ドナー側の問題性であろう。グローバル・モデルを機械的に移植し、現地社会の苦悩を知っておりながら座視するドナー側の態度には、法の「移植」を社会課題に対応する法エリートの営為だとするAlan Watson流の矜持は、微塵も見いだすことができない。現代の法整備支援ブームの実像は、むしろL. Friedmanなどが描くように、経済学者の示した開発戦略に法律家が法技術屋として奉仕する婢の構図である。そこで問われているものは、法の「移植」の受け手側の問題である以前に、送り手側の法エリートの「主体性」の問題なのである。

今後、カンボジア社会のニーズを受けとめ主体的な法整備を担う法エリートを、見いだしていくことが可能だろうか。民衆は救済を求めて多くの陳情や訴訟を提起しているが[13]、司法の場は機械的な実定法適用のフォーマリズムに徹し、民衆の声に応える規範修正は期待しにくい。また人権派NGO系の法律家は弁護士登録を拒否されているとも聞く。このような状況のもとで、せめて日本支援が息長く、実体的改革議論や[14]、手続的メカニズムづくりに[15]、知見を提供し続けていくことが期待される。

2. 規範体系の安定と変化 ―ベトナム支援からの示唆―

（1） 社会主義憲法と市場経済化

ベトナムは、規範体系に配慮した法整備支援のありかたを考えさせる好個の対象である。日本のベトナム向け支援は、民法学の森嶌昭夫教授による1995年民法典への助言活動を契機に開始し、第1フェーズ（1996-1999）はまさに「社会主義的発想と市場主義的発想をどのように融合するか」（森嶌2006, p.17）の試行錯誤であったが、第2フェーズ（1999-2002）ではベトナム側要請を受けて3つの重点分野（民法典・民事訴訟法典・破産法）で立法支援が実施され、さらに第3フェーズ（2003-2006）と第4フェーズ（2007～現在）ではこれら重点分野で下部法規整備や実施過程のフォローアップを行いつつ、法曹訓練を中心とする司法支援に重点が置かれてきた。このような息の長さと関与の深さが、日本のベトナム向け法整備支援の特色となっている。

このうち民法典の立法支援については、10名の民法学者を動員する共同研究会が組織され、ベトナム側作成の2005年民法典草案に対する助言活動が重ねられた（森嶌 ibid.; 野村 2006）。この過程では、現地法体系の総合理解にねざした民法規範の重層的位置づけを理解することなくしては、適切な支援は行いがたかったと考えられる。

すなわちベトナムは、1986年から社会主義路線の方向修正を図る市場経済化政策（ドイモイ）を実施し、この改革路線を体現する1992年憲法のもとで、1995年民法典を制定した。現行2005年民法典もこれを踏襲し、その前文で「1992年憲法（2001年改正）に基づき民事について定める」と明記し、国法の重層的規範秩序に位置づけられた私法一般法としての性格が明らかにされている。またかかる私法一般法としての民法典規範が民事・経済商事等の全般に及ぶことが明示され（1条前段）、さらにその一般規定が慣習や条理に優位することが確認されている（3条）。さらに民法典の内部構造に目を向けると、まずは第一部「総則」冒頭に13か条の一般規定が並び、つづく各部冒頭にもそれぞれ総則規定を設けるなど、パンデクテン方式というべき規範的階層構造を形づくっている[16)]。このように構造的外形からも、ベトナム民法典が規範体系を強く意識して設けられていることが明らかである。これはベトナムの法整備過程が、旧宗主国フランスの影響よりも[17)]、ドイツ法の影響を受けたロシア民法学派や中国の民法通則など社会主義法制の影響下で進められてきたことを反映していよう（金子1995; 金子1997）。その意味で、同じくドイツ法の影響を汲む日本がベトナム支援に乗り出したことは、あながち誤りではなかった。

ではこうしたベトナム民法典が担う規範体系の内容面とは、どのようなものなのか。第一部「総則」冒頭の一般規定に注目すれば、近代民法典の伝統を受ける側面と、社会主義民法としての側面と、民族性を意識する側面とが、相まって現れている。すなわち近代民法典の原則である取引の自由を宣言しつつも（4条）、法と社会倫理による制約（4条・11条）、信義誠実の原則（6条）、公序良俗（8条）などのいわば私権の内在的制約を明記する。さらに進んで社会的主義的制約というべく、民事関係において民族・性別・富貴・思想信条等で差別されないという平等原則を要求し（5条）、現実履行の原則（7条）を強調し、私権保護手段としては損害賠償に加えて主管行政・組織の命令・公的謝罪・現実履行などを想定し（9条）、また国益公益による制約を明記する（10条）。他方で、公序良俗について国民性・隣人愛・協力・民族的倫理といったより具体的文脈を与え（8条）、あるいは和解を推奨するなど（12条）、アジアの一国らしい民族性を主張する面がある。

こうした2005年民法典の一般原則は、1992年憲法が想定する規範原理を私法の文脈でパラフレイズしたものということになる。これらは先立つ1995年民法典の一般規定と比較するとき、規定順序の若干の入れ替え以外にほとんど変化はない。しかしながら問題は、このような従来同様の一般原則が、単に民事分野にとどまらず、新たに商事分野に対しても及ぶことが明記された点（1条）、そしてこれに伴い「取引の自由」が冒頭で宣言された点に、重大な規範体系の変化が起こっている。同じ1992年憲法下にありながらも、民法典の体系的位置づけに大きな変化が起こったのである。このことは憲法と民法典との規範的関係が、10年の施行の間に大きく変化したことを示唆していよう。

たしかに1992年憲法は重大な解釈の余地を残し、統治機構の修正にとどまった2001年憲法改正では直接手が付けられることはなかった。政治体制面で社会主義を標榜するかたわら（前文）、経済体制面では国有・集団・私有・外資等の各セクターが対等に競争する「多部門商品経済」（15条）を宣言し、いわゆる社会主義市場経済化を志向する。しかしながらこの社会主義市場経済がどのような意味で自由主義経済とイコールではないのかが一義的に明解ではなく、ドイモイの進行過程で、憲法規範は事実上変質したおそれがある。なかでも憲法が当初想定した「私有セクター」の性格や射程が、経済実態のうえで大幅に拡張し、この変化が民法典の規範体系や規範内容に変化を迫ったおそれが考えられる。すなわち1992年憲法成立当初の私法全般の制度設計を概観すれば、社会主義的所有観（生産手段の公有と消費手段の私有）に立って生産関係・消費関係を二分し、実体法上で「経済契約」関係と「民事契約」関係とを二元的に規定する構造が明らかであったし[18]、手続法上も経済紛争と民事紛争とが異なる法廷で処理されていた[19]。このような制度設計は、1992年憲法当初にいう多部門商品経済（15条）の想定において、私有セクターが基本的に私的消費生活関係の延長線上で行われる中小営業活動に限定して捉えられ、産業開発戦略のうえではなおも国有セクター・集団セクターの強化発展が意図されていたことを示唆する。そしてこれを受けた1995年民法典の射程は、けっして近代民法典的意味での私法一般法ではなく、あくまで限定化された私有セクターの基本法に過ぎなかったことを意味する。しかしながら、その後のベトナムの経済発展が私有セクターの膨張によって支えられた事実、さらに2001年米越通商協定や2007年WTO加盟へむけた交渉過程で社会主義的遺制の撤廃が促されていったことが相まって、当初の民事・経済二元的な制度設計は修正を余儀なくされていったと見られる。その端緒は、2001年憲法改正を受けた2002年人民裁判所組織法による民事紛争・経済紛争の管轄一元化であり、それを受けた2004年民事訴訟法典による民事・経済紛争の訴訟手続統一化であった。この手続法上の変化が2005年民法典や2005年商事法を準備し、民事のみならず経済・商事をも統べる名実ともに私法一般法の登場という、規範体系統一化をもたらしたと見ることができる。

かくして2005年民法典が、憲法以下の規範体系の中心で、民事・商事の規範的一元化という新たな位置づけに歩みだしたことが確認できた。しかしこの規範的一元化に当たって、今後注目される問題は、民法典の運用の方向性である。それは、自由を基調とする民事規範方向に経済・商事規範を統一化する方向に運用されるのか、逆に従来から経済・商事分野を既定してきた国家統制方向に民事規範をとりこむ方向に進むのであろうか（金子2004）。

（2） 民法典規範の継続的発展に向けられた日本支援

民法典の規範展開の方向性は、司法現場に委ねられていかざるを得まい。現実問題としてもベトナム民法典の条文は一般的で下部法規による解釈余地が大きい。いっぽう下部法規は社会主義体制のもとで行政各部による乱立傾向にあって相互の矛盾や欠缺が目立ち、最終的には司法解釈による補完的調整を不可欠としている。現実の紛争過程を通じて、民法典の規範の具体化が進められていかざるを得ない。

しかるに2005年民法典制定後のベトナム政府共産党の意図は、国法の規範体系を垂直的統一的に実施する点にあるとみられ、司法現場の柔軟な規範適用を厳しく戒める一大キャンペーンが行われている（共産党中央政治局2005年48号決議・49号決議）。まさに日本明治期に、民法典施行とともに判例形成の自由度が抑制され註釈学派が台頭した時代を彷彿とさせる。ましてや社会主義民主集中制（憲法6条）を奉じるベトナムでは、立法解釈権は国会常務委員会に属し、司法解釈は禁じられていると解されてきただけに、法典適用の統一化の要請はことさら強いと思われる。司法現場は、このような「統一性」の要請に応え、憲法・民法典以下の階層的規範構造に垂直的に従いながらも、法令の錯綜するジャングルを掻き分け、欠缺を埋めながら、柔軟な紛争解決に任じていくという、きわめて困難な課題に取り組まねばならない。

このような司法適用の複合的課題を長期にわたって側面支援してきたのが、日本の司法支援だといえよう。日本支援は第3フェーズ（2003-2006）と第4フェーズ（2007～現在）で司法支援に重点を置き、2004年民事訴訟法典の起草・実施過程のフォローアップと平仄を合わせながら、法の適用解釈における実務的技法が伝授されようとしてきたことが注目に値する。このことは日本支援が、民法典の一時的な立法支援にとどまらず、その後の実施過程における息の長い規範醸成過程を重視して、そのための制度基盤づくりを支援してきたことを示唆していよう。

その司法支援の活動項目は、法曹教育の場である司法学院の再編・カリキュラム・教材整備、裁判官のための判決書マニュアル整備、判例参照システムの推進、また民事訴訟法実施のフォローアップ目的でのパイロット事業などである（亀掛川 2008）。なかでもとくに、日本側の司法修習所教官らによる要件事実訓練や、両国の裁判官らによる判決書の事実認定記載や判例参照手法の共同研究など、司法の実践的技術面で密度の濃い支援に努力が注がれてきた。

このうち要件事実論は、日本の司法修習所が洗練させた法適用技法の訓練法である（伊藤 2000）。民法典の各条文から法律要件を抽出しこれに生の事実を照合していく技術であるが、単に文理的な法律要件の抽出にとどまらない。過去の判例を通じて蓄積されてきた法律要件が付加される。また個々の法律要件の挙証責任配分に関しても、文理のみならず判例を踏まえた判断を訓練する。このような訓練を受けた法曹は、実体法の条文がけっして画一的に適用されてきたのではなく、社会的要請に応じて変遷する判例・学説のなかで、各条の法律要件やその挙証責任分配が変化し続けてきたことを学び、司法過程における民法典規範の醸成のダイナミズムに触れることになる[20)]。

判決書マニュアル支援は、諸般の事情で完成が遅れているが、同一の専門家チームがラオス向けに支援した「判決書マニュアル」が公開されており、支援方針が近似するものとしてここで参照すると、日本ならではの判決書文化がアジア諸国にとって有用なのだと説かれている。すなわち英米の判決書文化と異なり法的判断のみならず事実認定についても判決理由書で詳細に記述を行う点、しかしいっぽうで大陸法の判決書文化とも異なり英米流に長文の判決理由を述べる点が、日本の判決書の特色として言及されている（井関 2007）。このような日本流の判決書文化の優位性は、判決が法と証拠のみによって行われたことを判決書自らが徹底的に自己証明する手段でありうる点にあり、このような自己証明は「裁判の独立」を高める有用な手法であろうことが強調されている（ibid, p.9）。たしかに政治圧力や腐敗が問題とされることの多いアジアの司法現場において、裁判官が自らの事実認定・法解釈の是非を自己証明する判決書文化が浸透し、かつ適切な判決公開制度や判例評釈活動と結びついていくとき、裁判の独立を高めていくことが大いに期待されよう。

日本の司法支援が力点を置くもう一点として、判例参照システムがある。これは上記の要件事実訓練や判決書マニュアル支援などと一体をなす支援で、判決書の法適用において先例参照を強化する意図である。この支援は、先述したベトナム共産党決議 48 号・49 号にみる法適用の統一性の要請に応えて、当面は上級監督審判例の下級審に対する拘束性を確立するという、司法部内の垂直統制の文脈で推進されている。しかし日本側の真の支援意図は「裁判の独立」の強化に置かれている。すなわちベトナムの下級審裁判官は個々の判決毎に上級審の事前指導や事後審査を仰ぐ「監督審査」に従属してきたが、判例参照システムが導入されるならば、下級審裁判官は判例集に明示された監督審判例を参照しながら個々独立して判決を書く態度を養い、主体的な裁判文化が生み出され、もって「裁判の独立」強化がもたらされることが期待されている（井関 2005, p.79）。かくして呉越同舟のようではあるが、日本側提言はベトナム側に前向きに受け入れられ、「判例発展」（phat trine an le）に関する日越共同研究事業（国際協力機構 2007）などの具体的成果を生み出しつつある。

以上のように日本の司法支援は、民法典支援との連続性のなかで、その息の長い規範醸成の過程を可能にする制度条件として、「裁判の独立」を追求するものと捉えることができる。

（3） 判例参照システムの動態

かように日本の法整備支援が、法典モデルの移植という一時的成果に終わることなく、ベトナム社会主体の規範形成を可能にする制度基盤づくりに仕向けられてきたとすれば、ではその成果のほどはどうであろうか。ベトナムの判決は一般的には非公開であるが、幸い、米越貿易協定のコンディショナリティの圧力を受けた米国USAIDの支援により、最高裁裁判官会議の最近の監督審決定（2002～2006年度分）に限った判決公開が実現したので[21]、そこに言及されている範囲での上級審の法解釈傾向や下級審動向を読み取ることが可能になっている。

先述のようにベトナム政府方針は、法規範体系の統一的適用のために、監督審の判例拘束性強化を構想する。しかし監督審判例集を概観するかぎり、監督審はもっぱら事実認定や手続主義に意を砕き、法適用解釈の標準化に乗りだす姿勢は見えない。たとえば民事紛争の最多を占める土地紛争では、民法典・土地法といった実定法の整合的解釈、また立法改革以前からの慣習などの規範調整が課題となるはずだが、監督審の多くは下級審の手続瑕疵や事実審理不尽を問題とし、法律論を避けている。この傾向が続くとすれば、監督審判決が規範源として統一的法適用に果たす機能に、多くは期待できない。

むしろ逆に、下級審の側から上級審に与えるボトムアップの影響が興味深い。この点は、本書第4章で詳述する予定である。下級審が従来から（とくに法の欠缺や慣習規範との調整場面で）紛争の柔軟解決を図る、いわば和解的裁判文化を有していたことが読み取られる。しかし上級監督審はこうした従来型の和解的判決にしだいに拒絶的になり、手続瑕疵などを理由に差し戻す姿勢を強めている。そこで最近の下級審のなかには、監督審に挑戦するかのごとく、和解的解決の結論を論理的に補強するためにこそ法解釈論を展開していくという、興味深い傾向が見え始めている。たとえば要式性を欠く土地売買の追完、平穏公然たる長期利用の尊重、外観法理を認めぬ立法態度を修正する善意第三取得者への配慮、法令に反する違約金慣行を特約として肯定、無効な贈与を有効な使用貸借とみなす契約補充、代物弁済型担保における対価的均衡、社会問題化する事実婚への夫婦共同財産規定の類推適用、などが散見される。これらの下級審の傾向は、いわば和解的紛争解決の現場から、法令の単なる形式的統一的適用を超えて、生きた規範形成が動き出していることを示唆しよう。

興味深いことに最近では、監督審レベルが各裁判の審査を行うのみならず、むしろ下級審動向を系統的に分析し、判例形成に役立てようとする動きも進んでいるという[22]。下級審の法解釈論の展開が、ボトムアップに判例法形成を促がしていくという大胆な規範的展開も不可能ではあるまい。

(4) 示唆：規範体系支援の醍醐味

以上のように、日本のベトナム向け法整備支援においては、ベトナム社会が新たな規範体系構築を求めて試行錯誤する道程に、日本の支援関係者らが息の長い伴走を続ける姿が見いだされた。なかでも私法一般法たる民法典への支援は、社会主義憲法を頂点とする規範体系そのものが現地社会経済の変化とともに変質し、規範展開の方向性が見えないなか、今後とも試行錯誤が続きそうである。そこでは近代民法典の取引推進志向と、社会主義的公益配慮と、ベトナム社会固有の慣習規範とが複合的に交錯しながら、紛争解決の渦中で規範探究が深められていくことが予想される。それだけに日本の法典支援は、単なる立法支援では済まされず、法典の実施過程を担う司法制度基盤に深く関与することが求められていった。

このような日本支援の経験は、一つの重要な教訓として、法整備が一握りの法エリートの机上の設計では終わりえない、規範選択の長期的な動態であることを改めて教えている。規範体系は憲法の根本原理から演繹的に由来するようにみえても、じっさいにはその詳細設計は紛争解決の積み上げげを通じて帰納的に探究されていかざるを得ない。法実証主義的な意味での民法典は、上位の根本原理と現実の詳細設計とを結節する橋渡しに過ぎない。この認識に立つかぎり、グローバル・モデルの輸出を迫るタイプの、いわば上方向からの法整備支援の誤りが明らかであろう。じじつベトナムにおいて、欧米ドナーが突きつける経済法制分野の各種の単行法モデルは、憲法・民法典が提示する規範命題になんら配慮を向けるものではないし、また裁判過程が規範体系を上下に行き来しながら探究しつづける判例動向を一顧だにせず、規範体系を混乱させるばかりである（金子 2007a）。

法整備支援ドナーが規範体系整合性を意識して行動するとき、その役割はきわめて限定されるように見えながらも、無限に深まると思われる。一方的なモデル輸出という素人技が通用しない代わりに、現地社会の規範体系の中に分け入って整合的な立法設計をともに探究し、またその長期的変容を見越した制度基盤づくりに貢献するという高度な専門的営為のなかにこそ、支援専門家冥利の醍醐味が得られてゆくはずである。

3. 実定法と慣習法の架橋 ―インドネシア支援からの示唆―

（1） ドナー支援が深める法的多元主義

統一的規範体系を追求するベトナムとは対照的に、ポスト・スハルト時代のインドネシアは求心性を失い、規範構造は迷走しているようにみえる。第一に、植民地独立闘争下で成立した1945年憲法の五大国是（パンチャシラ）の掲げる「統一」理念が揺らぎ、公法秩序の落ち着く先が見えない。1990年代後半のアジア通貨危機を契機にスハルト開発独裁体制の中央集権構造が崩壊し、抜本的な分権化が断行されたが、その方向性が迷走しているためである。すなわち1999年「地方自治法」は、国防・外交・金融財政・司法・宗教の5分野を除くすべての立法・行政権限を末端行政レベルへ委譲し（7条）、かつこれら末端レベルの政治機構を地方議会による首長選出にかかるウェストミンスター型制度に改組し、もって地方自治レベルの一元性を強めた（40条）[23]。また2001年にはアチェ特別州とイリアンジャヤ特別州について、司法権などの自治性を高める特別法が成立した。これら分権化は憲法改正によって追認されている。しかし他方で、こうした分権化を骨抜きにする中央政府の行政令の動きも指摘されてきた[24]。そうした揺り戻しはついに2004年の地方分権化法改正をもたらし、地方首長の選出方法を直接公選制に切り替えることで、地方レベルの政治・行政の二元体制をさくしゅつし、かつ省級行政レベルの権限強化を通じて末端行政首長への統制力を強めるという、中間的な集権化が企図された。以上のような地方分権化の迷走は、地方条例と行政令との衝突関係を来たすなど、規範秩序を混乱に陥れているとみられる（金子 2008b）。

第二に、私法分野の規範秩序の混乱がある。インドネシアはいまなおオランダ支配時代の 1848 年民法典・商法典を残している。しかしこれら法典は独立以前は植民者との取引関係に限って適用され、現地社会の民事規範は各地の慣習法（adat アダット）に依拠していた（Hooker 1978, p.189-9）。戦後の独立時点ではこれら法典はあくまで暫定的に維持されたに過ぎず、adat を包摂した新たな統一的実定法の整備が課題とされ、その進展とともに超克されることが予定されていた（ibid. p.212）。しかしながら問題は、そのような主体的な実定法整備作業が遅れたことである。1961 年「農事基本法」が民法典の財産権規定（担保規定を除く）を廃して登場したものの、以後さしたる動きはなく、スハルト独裁時代には行政法規が乱立していった。1980 年代以降の経済自由化過程では、米国・世銀の支援のもとで英米流の単行経済法が導入され、1990 年代後半のアジア通貨危機以降はこうした単行法導入がさらに一気に加速する。結果として、独立時点の理想であった慣習法を包摂する新たな私法実定法の構築なる課題は、物権法や家族法の一部をカバーするにとどまり、その他の領域では民法典の残骸のうえに行政法規や経済単行法が入り乱れる実定法体系の姿があり、またこれとは別にいまなお国民生活の多くの場面を支え続ける慣習法が棲み分けるという、錯綜した規範状況が存在する。

第三に、司法制度の構造的限界ゆえに、かように拡散した規範を収斂させていく機能が期待できない。すなわちインドネシアの司法制度はオランダ支配時代以来の多元主義を引きずり、私法分野では普通裁判所が実定法を適用し、宗教裁判所が慣習法を適用するが、行政事件は行政裁判所が、憲法事件はポスト・スハルトの憲法改正で成った憲法裁判所が管轄する。2004 年に司法行政権を行政府から最高裁判所傘下へと集約するワンルーフ・システムが成ったが、各裁判所（普通・宗教・行政・軍事）の管轄・実務は従来どおり縦割りで推移している[25)]。このような司法構造の多岐性ゆえに、分断された規範を紛争解決過程を通じて架橋してゆく機能が期待しにくい[26)]。

かような公法・私法の混乱と分断が相俟って、インドネシア法は「法的多元主義」(legal pluralism) を深めている。法が多元的に存在する状態は、ポスト・モダン的価値観からすれば魅力に満ちて聞こえるかもしれない。しかし問題は、多元的な法が多元的なままでは存在しがたい点にある。つまり併存的に棲み分けていた異なる法規範どうしが、社会経済の変化とともに互いに衝突しあう局面が増えてくる状況において、錯綜した規範関係を自由放任的に放置しておくだけでは、いずれかの法が優位しいずれかの法が否定される状況を救うことができない。たとえば慣習法秩序のもとで擁護されてきた民事的権利が、経済開発優位の商事的権利と衝突する局面で、紛争が実定法を基準とする普通裁判所に持ち込まれるならば、多くの場合、慣習的権利は否定されしだいに駆逐されてしまうであろう。「法的多元主義」を放置しておくだけでは、ポスト・モダン的な豊かな規範環境は維持しがたいのである。慣習法を十分に尊重する方向での実体的・手続的な実定法体系の再構築が、改めて求められていると考えられる。

しかし欧米ドナーの関与は、この「法的多元主義」を再構築に向かわせるどころか、逆に攪拌しているようにしか見えない。とくに世銀等のマルチ・ドナーは、公法分野では最も急進的な地方分権化を推奨・指導し（World Bank 2003; World Bank 2005 他)、私法分野では英米法モデルを受けた経済単行法（1998 倒産法・商事裁判所、1998 担保法、1995/2007 会社法・証券取引法等）の導入を矢継ぎ早に迫ってきた。ドナーの一部には民法典・民事訴訟法典以下の私法実定法体系を抜本的に立て直そうという働きかけもあるが[27)]、インドネシア政府はマルチ・ドナーのコンディショナリティに対応するだけで手一杯の状況にあるとみえ、国家立法計画のうえで規範体系再構築の優先度は低い（BAPPENAS 2007）[28)]。

（2） 慣習法を包摂する実定法の再構築

オランダ植民地支配以来、インドネシア市民にとって「法的多元主義」は常態であり、実定法のもとで紛争解決を希望するならば普通裁判所へ、イスラム法規範の適用を求めるなら宗教裁判所へ、慣習法の適用を受けたいのなら村落内部の紛争解決制度で、という多元構造にあった。しかし経済開発の波とともに、これらの規範秩序は互いに衝突しあう局面が深まっている。たとえば多発する土地紛争の典型は、合法的に承継されてきたがフォーマルな登記を欠く慣習的使用処分権 hak milik adat が、登記を備えた開発業者らの国有地地上権や事業用益権と衝突する例、また伝統的共同体が維持してきた共同的土地利用が実定法上では脆弱な hak ulayat（農地基本法３条）にすぎないと見做され、土地利用の社会的機能（同６条）を根拠に、行政法規に保護された開発利権に侵されていく例、などである（金子 2009）。これら慣習法と実定法との衝突局面は、慣習的な村落紛争解決制度の処理能力を超えているが、かといって普通裁判所へ持ち込めば一方的に実定法のもとで裁断されてしまうであろう。先述のようにインドネシアでは私法の新たな実定法体系が構築されぬまま、国策優位の行政法規が乱立されてきた現実があるため、実定法適用の優位とはすなわち国益公益の名のもとの私権剥奪を意味しやすく、それでは真の正義は図られない。

こうした現代の規範衝突を克服していくうえで求められているのは、独立直後に企図されながらも棚上げされてしまった課題への再挑戦、すなわち慣習法を包摂する新たな私法実定法の再構築であろう。中央政治・行政過程の法エリートが有力ドナーのコンディショナリティに振り回され単行法の制定に追われているなかで、この独立以来の大課題は当面、必要に迫られた国民の側から、紛争解決過程を通じてボトムアップに実現されていくしかあるまい。しかし実定法適用に拘泥する普通裁判所がこうした規範形成を担い得ないとすれば、そのための新たなフォーラムの存在が不可欠である。そうしたフォーラムの創出は現に、２つの方向で動きつつあるようにみえる。第一は、慣習的な紛争解決制度からフォーマル裁判所への上訴のルートを作り出すことを通じて、裁判官に慣習法規範の所在を知らしめ、実定法との調和的法解釈を促がしていくボトムアップの道である。第二は、フォーマルな司法制度の側が裁判外紛争解決制度（ADR）を充実させ、慣習法的主張に門戸を開いていくルートである。前者はUNDPやEUが力点を置く方向性であり、後者は日本の法整備支援が関与を続けてきた方向性であるといえる。

このうち前者の例として、とくにUNDP・EU・IDLO（International Development Law Organization）などによる、2005年以降のアチェ州での取り組みが注目に値する。津波災害後の土地法・家族法関係の紛争噴出を予想して、紛争解決制度の強化（UNDP 2006）、および土地法・相続法・養子縁組などの慣習法調査が実施されたが（UNDP 2008b; IDLO 2006）、このうち興味深い展開を予測させるのが、紛争解決制度の強化である。その主眼は、村落共同体の慣習的紛争解決メカニズムを活性化し、さらにこれらを国家のフォーマルな裁判制度（普通裁判所・シャリア裁判所）との連続性のなかに位置づけていこうとする点にあった[29]。こうした紛争解決過程で慣習的制度と実定的制度を架けわたす取り組みは、単なる手続的意味を超えて、実体的に慣習法秩序と実定法秩序を橋渡す、規範再構築の試みとして期待できるであろう。

（3） 日本の司法型ADR支援

いっぽう逆に、フォーマル制度の側で慣習法秩序との接点を作り出していこうとするのが、日本支援の狙いであるとみられる。その焦点は、アジアで展開する法整備支援ドナーにとって主要な支援領域の一つとなってきた裁判外紛争解決制度（ADR）である。しかし日本のインドネシアにおけるADR支援には、他ドナーの推進するADR支援との相違が見いだされる。

ここで法社会学や法哲学の先行研究に示唆を受けながら（和田 1994, p.130-135; 田中 2000, p.235）、ADRの性質を次のように三分類してみたい。すなわち、①裁判と同一の実定的規範を適用するが裁判より効率的な手続による効率追求型ADR、②原則として実定規範に依拠しつつも紛争の具体的文脈に沿ったより柔軟な規範適用を行う準司法型ADR、③実定規範に拘束されない自由な紛争解決を志向するポストモダン型ADR、と分類してみる。ここで、世銀や英米法系の有力ドナーが展開するADRモデルは、商事分野の紛争解決迅速化を意図する点で①のタイプに他ならない（World Bank 2002; USAID 2000）。他方、UNDP や EU など人間開発志向を深めるドナーの ADR 支援は、コミュニティ・レベルの紛争解決に関心を注ぐ③のタイプに他ならない（UNDP 2006, 2008; EU 2004）。しかしこれらのドナー・モデルのいずれも、はたして規範的拡散を深めるインドネシアの文脈においてどのような積極的意味を持つか、疑問である。世銀等の効率追求型 ADR は、グローバル・モデルを移植して成った実定法規の迅速適用を求める開発利権サイドにとっては意味があっても、規範衝突に苦しむ民衆の側にとっては何らの助けにならない。逆に UNDP や EU の志向するポストモダン型 ADR は、慣習法世界の内部的な紛争解決を促進することはできるであろうが、慣習法が国家利権と直面するような規範衝突場面では役割が期待ができない。

こうした構図のなかにあって、日本の ADR 支援は、上記②のタイプの準司法型 ADR の制度経験知を伝えることによって、インドネシアの文脈に寄り添うことに成功しているように見える。インドネシアではすでにオーストラリアの立法支援により、米国やオーストラリアの制度モデルを踏まえた裁判所付属調停制度（mediasi）を導入する最高裁手続規則 2003 年 2 号が成立していた。これは特別の養成訓練を受けた調停専門家（訓練を受けた法曹を含む）による調停を、裁判の第 1 期日に試みなければならないとする、調停前置主義の導入であった。しかし、じっさいにはまったく成果を生むことなく、実務レベルの批判が高まっていた。そこで 2007 年以降に日本 ODA の一環として、日本の裁判上の和解と民事調停制度をモデルとする最高裁手続規則改正支援、および和解・調停技術の提供が行われた[30)]。日本側専門家らの趣旨は、真新しい舶来制度の輸入よりもインドネシア司法が有してきた既存の制度資源の梃入れを重視するものであり、その主眼は何よりも裁判官の役割の活性化であった（Kusano & Kawata 2009）。論点の一つはインドネシアの民事手続法における裁判上の和解（perdamaian）がほとんど活用されていない現実に着眼し[31)]、その改善強化を促すものであった。いま一つの論点は、オーストラリア支援で導入された調停専門家による調停制度が既存制度との一体性を無視した木に竹を接いだ移植である点への批判である。結果、日本支援のもとで 2008 年に成った新・最高裁手続規則は、新たに裁判上の和解の活性化という文脈を持ち込むものとなった[32)]。また長期的には、日本の民事調停制度にみるような、裁判とは別個に機能する公的調停制度の導入が、継続的な検討の対象とされた。

このような日本支援は、専門家調停の前置主義というオーストラリア・モデルの事実上の解体に手を貸し、代わって日本における裁判官主導型の和解・調停制度（いわば準司法型ADR）への差し替えを推奨したもので、日本モデルの強引な輸出と見えなくはない。しかしながら現代のインドネシア社会が直面する規範的拡散という深刻な問題状況に立ち返って鑑みるならば、日本が同様の社会経済的局面を掻い潜ってきた過去の制度経験知である準司法型ADRの持ち込みは、成熟した欧米社会が贅沢に品揃えする効率型ADRやポストモダン型ADRの持ち込みよりは、よほど適合性が期待できるのではないかと考えられるのである。

おそらく他ドナーの持ち込むモデルとの対比において、日本流の準司法型ADRの魅力は、これらが本来実定法の番人たるべき裁判官が主役となって、実定法の柔軟化に任ずるフォーラムであるという、自己矛盾のなかに見いだされよう。裁判官は和解・調停の過程で、自ら規範衝突の渦中に立つことを強いられる。このような経験が裁判官の内的な規範秩序を書き換え、その後に裁判に立ち返ったときに、その実定法適用のありかたを変えていくことが大いに予想される。こうした準司法型ADRの規範揺籃的機能を、実定法の自立性に対する障害とみる見地も強いが（田中・前掲 p.289 他）、しかしインドネシアのごとく、実定法の体系的整備が停滞し規範的拡散の危機に晒された社会においては、むしろ裁判官の内面を結節点とする慣習法・実定法規範の媒介を通して、新たな法解釈・判例法の潮流を生み出し、実定法の再構築が行われていくことが積極的に求められていると考えられる。

じじつ日本支援のインドネシア側カウンターパートのあいだでは、慣習法・実定法の狭間で常時困難な紛争解決に任じてきた宗教裁判所（アチェ特別州においてはシャリア裁判所）の判事らが、日本支援に最も熱い関心を寄せてきたことは興味深い事実である（Kusano & Kawata 前掲）。司法過程による実定法再構築を支えていく意味では、今後の日本のインドネシア向け支援は、中央政府の動きが鈍い立法支援よりも、司法現場末端で期待の高まる司法支援の側面に重点特化されていってよいと思われる。その意味では、和解・調停支援にとどまらず、先行するベトナム向け司法支援で積まれてきた支援経験を参考としながら、法適用解釈訓練・判決書マニュアル・先例参照システムなどの緻密な技術支援を通じて、新たな法解釈・判例法の潮流を可能にしていく制度基盤整備支援が行われていくことが望まれる。

（4） 示唆：生ける法の法典化へ向けて

インドネシアと同様の規範的拡散に悩むアジア・アフリカ諸国は数多い。欧米ドナーによる経済開発志向の「法の移植」が実定法と慣習法の乖離を深めている。さらにそれを糾そうとする人間開発志向のドナー支援は、多くは慣習法のことさらな保存に向かうのみで、却って乖離を際立たせてしまう現象が各地で生起している。それゆえ慣習法を実定法の語彙を用いてその体系に組み込んでいく積極的な実定法再構築の努力なくしては、こうした乖離の行く末は結局のところ、規範衝突場面における実定法の当然のごとき優位と、慣習法的権利のしめやかな消滅であろう。法整備支援ドナーの関与は、実定法整備の名のもとに、受入国の私権の強奪に終わってはならないはずである。

実定法の再構築は、これを人為的な上からの立法事業として行おうとすれば、比較法知識に加えて慣習法の高度な探究・翻訳能力を兼ね備えた真の法エリートの営為を必要とする。しかし多くのアジア・アフリカ諸国でそのような人材は容易には得難い。また欧米ドナーの現状の短視眼的な法整備支援体制は、2～3年の短期事業を入札方式で発注し、大手弁護士事務所などのコンサルや大学などがこれを受注し、比較法知識の不足する若手弁護士を送り込んで形ばかりの成果を挙げさせる方式であるから、精緻な立法作業の営為はどだい無理である。であるとすればこの実定法再構築の課題は、上からの立法改革としてではなく、民衆が個々の私権を主張する紛争解決過程からのボトムアップの積み上げを通じて、漸進的な法解釈・判例法の蓄積と、その法典改正過程への吸い上げへと、徐々に進めていく道がより現実的であろう。この場合にドナーの関与は、啓蒙主義を標榜する自国法モデルの「移植」であることをやめ、現地社会の規範衝突の渦中から判例法の醸成を読み解き実定法再構築へと吸い上げていく、「生ける法」の探究プロセスに対する側面支援であることが求められるであろう。

注

1）　カンボジア土地法の実施に関する資料収集に当たっては、日本貿易振興機構アジア経済研究所の初鹿野直美氏の支援を得た。

2）　全国23州にわたる797件の土地紛争調査（Oxfam 2005）によれば、土地紛争を抱える農民の平均土地保有期間は16年であり、1970年代以前に遡る保有が最多で15%に及ぶ。

3）　上出Oxfam（2005）調査では、調査対象の71%でなんらの書証も有しないとしている。

4）　所有権主張・係争処理については効率化のためとして土地行政当局によるADR前置主義が敷かれている（47条・237条）。こうした行政型ADRの中心化は、行政主体の腐敗を統制しにくい制度的弱点をなしていよう。

5）　日本は民法典支援の一環として不動産登記法支援に乗り出そうとしているが、筆者の2008年3月時点での世銀ADB側コンサルタントEWMIプノンペン事務所への聴取では、所有権以外の公示にはきわめて消極的であった。

6）　2008年3月時点で前注・世銀ADB側コンサルタントへの聴取によれば、所有権登記はいまだ国土の5%しかカバーしていない。

7）　Oxfam（2005, p.2-3）の調査によれば1992年「土地法」以来国民の15%が土地を奪われ、2005年現在も国民の6%が土地紛争を闘っている。これら土地紛争の係争相手は、政府（39%）・軍（30%）である。また筆者の某人権派NGOに対する2008年3月時点聴取では、典型例としてコッコン省Srei Ambelにおける砂糖黍コンセッション事件を紹介された。同事件は1979年以降継続耕作されながら未登記であった地域に、行政により無残にも直線的な境界線が引かれ巨大な国有地コンセッションが導入されたが、コンセッション払下げを受けた民間主体が直ちに転売し、被害農民らは第三譲受人を相手取って民事・刑事裁判を遂行中である。

8）　NGO Forum（2008）は2省145事例の追加調査であるが、国有地指定されたあとに強制退去（土地法35条）を強行された事例は4割にとどまり、他では占有継続が放任されている。

9）　上出EWMIプノンペン事務所によれば、2008年現在までに集団的所有権を申請した約500共同体のうち、160共同体ほどしか公的認定に至っていない。

10）　集団所有権登記を申請しうる共同体の法人化手続法令はドイツGTZの強い支援で進められている（GTZ 2005, p.2）。

11）　集団的所有地はもともと国有私物地であるので、こうした私的所有権設定は可能であることがことさら明記されている（27条後段）。

12）ドナー間では独GTZが立法後のフォローアップ調査に意を砕いてきたが、その評価は「制度構築はほぼ完成した」とあたかも法実証主義的な実定法構築をもって満足し、制度の実施については「長い道のりを要する」として放任する。とくにドイツ側が慣習法保護の決定版として牽引してきた集団的所有権登録制度が、逆に共同体的秩序の無残な否認に帰結している状況については、「共同体的権利は本来それ自体（非公認）でも保護を請求しうる（のに自助努力がなされていない）」などとして責任を回避している（GTZ 2005, p.2）。

13）NGO Forum（2008, Figure-2）によれば、カンボジア民衆は土地紛争の87.9%を末端行政機関に、49.7%を省級行政機関に持ち込んでいる。いっぽうで2001年土地法が設置した行政ADRの利用は12.1%にとどまっている。司法への信頼はこれよりは上回り、27.2%が省級裁判所に持ち込まれ、うち控訴6.4%、最高裁上告3.5%とされている。なお2005年時点のカンボジア司法省統計によれば民事紛争総数2010件中の434件が土地紛争である。

14）立法改革のイシューとして、国有地見做し規定（12条）の見直し、集団的所有権の認定要件の再検討、占有証書を有しない伝統的利用権の立証要件の見直し、民法典の取得時効制度（20年・10年）との調整、また所有権転換を認められなかった利用権を保護していくための各論的制度設計として、土地法の長期賃借権や地役権に関する書面主義（109条・120条）や、登記請求権が存在しない点などについての民法典との不整合の調整、などが考えられる。また土地法は十分な法解釈余地を含んでいるので、その探究も課題であり、たとえば、集団的所有権の私的分割の優先規定（27条後段）の限定解釈や、私的所有権の原始取得要件（29－30条）について立証責任緩和などが考えられよう。

15）日本支援によるカンボジア民事訴訟法典は、ドナー間対立を超えてようやく2006年に成立した。今後はその実施過程への支援を通じて、当事者主義、立証要件・責任の明確化、判決理由の詳細化、判決公開・評釈といった司法過程の改善が意図されている（上原2008; 宮崎2008）。また行政裁判所設立の声や、行政型ADRの場における準司法的手続導入などの改善余地がある。

16）2005年民法典の構造は以下のとおり。第一部「総則」として、第1章：目的、第2章：一般原則、第3章：人、第4章：法人、第5章：世帯・集団、第6章：民事行為、第7章：代理、第8章:期間、第9章：時効をカバーする。第二部「財産権と所有権」で、第10章:総則、第11章：財産の種類、第12章：財産権の内容、第13章：財産権の形態、第14章：所有権の得喪、第15章：所有権の保護、第16章：その他所有権に関する規定を扱う。第三部「民事債務と民事契約」で、第17章：総則、第18章：典型民事契約、第19章：事務管理、第20章：不当利得返還、第21章：契約外損害賠償を扱う。第四部「相続」で、第22章：総則、第23章：遺言、第24章：法的相続、第25章：遺産分割を扱う。第五部「土地使用権の移転」で、第26章：総則、第27章：土地使用権交換契約、第28章：土地使用権譲渡契約、第29章：土地使用権の賃貸・転貸契約、第30章：土地使用権の抵当契約、

第31章：土地使用権の贈与契約、第32章：土地使用権価値の現物出資、第33章：土地使用権の相続を扱う。第六部「知的財産権と技術移転」で、第34章「著作権と隣接権利」、第35章：工業所有権と種の多様性、第36章：技術移転を扱う。第七部は「外国要素を含む民事関係」である。第五部～第六部は構造的には財産法で扱われるべきである。

17)　南部の仏領コーチシナでは1883年民法典、北部トンキン保護領で1931年民法典、中部アンナン保護国で1936年民法典が存在した。

18)　1994年民法典の成立にかかわらず別途、生産関係の国家管理を前提とする1989年経済契約令もまた維持されつづけた（金子1998）。

19)　従来から民事事件は人民裁判所が、経済事件は経済仲裁法廷が担っていた。管轄一元化後も1989年民事手続令と1994年経済手続令とが二元的に並存していた。

20)　日本の司法修習所に相当するベトナム司法学院教官陣への筆者の2008年12月時点の面接調査では、要件事実論がいまやベトナム流の展開を見ていることが力説された。

21)　Toa An Nhan Dan Toi Cao 2005; 同2008a; 同2008b参照。

22)　2008年12月30-31日JICA/ベトナム最高人民裁判所共催「判例制度セミナー」における Nguyen Van Cuong（2008）報告、またこれに対する最高人民裁判所監督審裁判官らの肯定発言。

23)　地方議会の制定する条例が中央法規に違反する場合は大統領令による取消が可能だが、最高裁への異議申し立てで決着する形で、地方議会の主体性が擁護されていた（1999年法113－114条）。さらに地方議会選挙における正統性を実質的に高める意図で、2003年「選挙法」で中選挙区・比例代表制の導入が図られた。

24)　たとえば地方議会による首長の監視メカニズムである首長更迭制度を脆弱化する2000年政令108号など（岡本2001）。

25)　2008年8月インドネシア最高裁・司法訓練所所長Agun裁判官への面談による。

26)　現実の紛争解決過程では、商事紛争では商事仲裁が多用され、民事紛争では慣習法を尊重する宗教裁判所が比較的信頼を集めてきた。Lev（2000）、ほか。

27)　たとえばオランダが民法典改正支援を再三打診しているが、インドネシア側の反応は鈍い。また後述の日本支援チームも民事訴訟法の再構築を示唆したが、当面の最高裁規則改正にとどまった。

28)　2008年8月時点のインドネシア国家開発庁BAPPENAS法制度整備担当部長への筆者のヒアリング同旨。

29)　その当面の成果として、村落・郡の慣習法による紛争解決メカニズムの要点や、その国家裁判制度との連携に関するアチェ州条例が集約されている（Aceh Adat Assembly 2008）。

30)　これに先立ち2002～2006年度に、日本側法務省（法務総合研究所国際協力部）とインドネシア最高裁関係者との共同研究による和解・調停制度の政策提言が作成されており、

2003年規則改正支援はその提言を受けたものである。

31） 1848年成立・1941年改正のインドネシア手続法（略称HIR）130条、および1927年成立のジャワ・マドゥラ地域以外のための域外手続法（略称RBG）154条に、裁判上の和解に関する規定がある。

32） 和解勧試の頻度や局面に制限がない点の明記、2003年旧規則で22日以内と限定されていた和解・調停の期限を若干ながら延長、また裁判を担当する同一裁判官による和解・調停を可能にした点などである。このほか、和解・調停資料の裁判過程での活用の可否、和解調書の執行力、和解・調停の技術論、などの論点も引き続き研究されている。

第2章の参考文献

井関正裕（2005）「日越比較―裁判・監督審・保全手続」，『ICD News』21号.

井関正裕（2007）「ラオス判決書マニュアル作成支援」，『ICD News』33号.

伊藤滋夫（2000）『要件事実論の基礎』.

上原敏夫（2008）「カンボジア民事訴訟法の普及活動の現状と課題」，『ICD News』35号.

梅原弘光編（1991）『東南アジアの土地法制と農業変化』.

金子由芳（1995）「最終段階を迎えたベトナム民法典草案」，『国際商事法務』23巻5号.

金子由芳（1997）「1995年ベトナム民法典所有権規定について」，『アジア経済』37巻12号.

金子由芳（1998）「ベトナムの経済契約をめぐる問題状況」，『広島法学』22巻2号.

金子由芳（2004）「市場経済化における法整備の比較考察―ベトナム・ロシア・中国―(1)(2)」，『国際協力論集』12巻2号1-3号.

金子由芳（2007a）「金融・企業法制の支援可能性」，香川孝三・金子由芳編『法整備支援論―制度構築の国際協力入門』.

金子由芳（2007b）「地方分権化の一局面：インドネシア投資法政策の迷走」，『科学研究費補助金基盤（B）報告書：アジア諸国の地方分権化（松並潤代表）』.

金子由芳（2009）「土地法改革における法的多元主義の克服―日本・インドネシア・カンボジアの比較検討」，『国際協力論集』16巻3号.

亀掛川健一（2009）「ベトナム法・司法制度改革支援プロジェクトについて」，『ICD News』34号.

国際協力機構ハノイ事務所（2007）『「判例発展」に関する日越共同研究報告書』.

坂野一生（2007）「カンボジア民法典と土地法」，香川孝三・金子由芳編『法整備支援論』118-129.

竹下守夫（2004）「ドナー間協力の課題」，『ICD News』14号.

田中成明（2000）『転換期の日本法』.

宮崎朋紀（2008）「各国法整備支援の状況：カンボジア」，『ICD News』37号.

森嶌昭夫（2002）「法整備支援をめぐる国際的動向と法整備支援活動の課題について」,『ICD News』1号.

森嶌昭夫（2004）「ドナー間における支援の相克と日本の支援の整備」,『ICD News』14号.

森嶌昭夫（2006）「ベトナム民法典の改正と日本の法整備支援」,『ICD News』27号.

安田佳子（2005）「カンボジアにおける法整備と法の支配」,『法学新報』112巻1-2号.

安田佳子（2007）「「カンボジア民事訴訟法と商事特別裁判所法」, 香川孝三・金子由芳編『法整備支援論』.

和田仁孝（1994）『民事紛争処理論』.

Aceh Adat Assembly（2008）*Guideline for Adat Justice in Aceh.*

Benda-Beckmann, F., Benda-Beckmann, K. & Wiber, M.（2006）*Changing Properties in Property.*

Bruce, J. W.（2006）"Reform of Land Law in the Context of World Bank Lending," in *Land Law Reform: Achieving Policy Objectives,*（World Bank Law, Justice, and Development Series, Bruce, J. W. et al. eds., 2006）.

De Soto, H.（1989）*The Other Path.*

De Soto, H. & Cheneval, F.（2006）*Realizing Property Rights,.*

Deininger, K. eds.（2003）*Land Policies for Growth and Poverty Reduction*（World Bank Policy Research Paper）.

Deininger, K. & Squire, Lyn（1998）"New Ways of Looking at Old Issues: Inequality and Growth," 57 J. of Development Economics 259.

EU（Task Force in Land Tenure）（2004）*EU Land Law Policy Guidelines.*

GTZ（2005）*Legal Issues Related to Registration of Lands of Indigenous Communities in Cambodia.*

Hooker, M. B.（1978）*A Concise Legal History of South-East Asia.*

IDLO（2006）*Guardianship, Inheritance and Land: Law in Post-Tsunami Aceh.*

Kusano Y. & Kawata, S.（2009）"A Case in Indonesia: Project for Strengthening Reconciliation and Mediation System," presentation paper at Law & Society Association 2009 Denver Conference, May 28, 2009.

NGO Forum on Cambodia（2008a）*Statistic Survey on Land Disputes Occurring in Cambodia.*

NGO Forum on Cambodia（2008b）*Land Dispute Database-Pilot Study Report.*

Oxfam（2005）*Land Dispute in Cambodia.*

Rolfes, L. Jr.（2006）"A Framework for Land Market Law with the Poor in Mind." in *Land Law Reform: Achieving Development Policy Objectives*（World Bank & Bruce, J. W. et al., 2006）.

UNDP（2006）*Access to Justice in Ache-Making the Transition to Sustainable Peaceand Development in Aceh.*

UNDP（2008a）*Making the Law Work for Everyone, Vol. II.*

UNDP（2008b）*Broadening and Backing Local Justice in Aceh: Options Paper AJP-Adat.*

USAID（1986）*USAID Policy Determination in Land Tenure.*

USAID（2000）*Alternative Dispute Resolution Guide.*

World Bank（1975）*World Bank Land Reform*（World Bank Sector Policy Paper）.

World Bank（2002）*Legal and Judicial Sector Assessment Manual.*

World Bank（2003）*Indonesia Maintaining Stability: Deepening Reforms.*

World Bank（2005）*East Asia Decentralizing: Making Local Government Work.*

第3章 モデル法の形成過程と実像
――主体性回復への課題――

1. モデル法をめぐる論点

(1) グローバリゼーションとモデル法

本書が論じている法整備支援とは、基本的に、国内法の整備をめざす議論である。国内法整備は国家の自決権を前提に、国境の内側では内政不干渉が原則である。この原則はしかし、貿易・投資自由化が進むグローバリゼーションの時代に、国境を越えて展開する外国投資家の保護という要請に晒され、揺らいでいる。グローバル化時代の国内法整備は、国民の生活利益を担うべき本来の立法課題と、外資保護の要請とを、両立させることが求められている。しかし問題は、その相互の利害が衝突しあう局面である。1990年代に世銀・IMF等のマルチ・ドナーが推し進めようとした「ワシントン・コンセンサス」とは、まさにそうした利害衝突局面において、否応なく、外資保護の要請を優先させていこうとする志向であると理解され、批判もなされてきた（Trubek 2006）。

この外資優先志向としての「ワシントン・コンセンサス」を、法制度の模範的設計として顕現化させた表現形が、俗にいう「モデル法」である。世銀を中心とするマルチ・ドナーは、1990年代半ば以降に、倒産法・担保法・会社法・競争法など主要な経済法制分野で相次いでモデル法を公表した（表3-1）。

表 3-1　主要なモデル法と評価指標

モデル法	モデル法を受けた評価指標
− EBRD（1994）"Model Law on Secured Transaction"（担保法分野） − EBRD（1997）"Sound Business Standard and Corporate Practices: A Set of Guidelines"（会社法分野）	EBRD "Legal Indicators Survey"
− WB（1999/2004）"Principles and Guidelines for Effective Creditors Rights and Insolvency System"（破産法・担保法分野） − WB/OECD（1999）"A Framework for the Design and Implementation of Competition Law and Policy"（競争法分野） − OECD（1999/2004）"OECD Principles of Corporate Governance"（会社法分野） − WB（2003）"Template for Country Assessment of Corporate Governance, Revision 3"（会社法分野）	WB/IMF "Report on the Observance of Standards and Codes（ROSC）"
− WB（2002）"Legal and Judicial Sector Assessment Manual"（立法・司法制度全般）	WB "Legal and Judicial Sector at a Glance" in World Bank 2002
− EBRD（2000）"Principles of Corporate Governance and Corporate Governance Checklist"（会社法分野） − EBRD（2003）"Legal Indicator Survey 2003 on Secured Transaction Law"（担保法分野） − EBRD（2004）"Legal Indicator Survey 2004 on Insolvency Law"（倒産法分野）	EBRD "New Legal Indicators Survey"

（筆者作成）

これらモデル法は、単に国内法整備の参考に供されただけではない。モデル法の採用を促す圧力装置として、融資コンディショナリティ（立法計画を四半期毎に点検し、計画どおり実現できなかった場合には融資を停止する条件とする）、またパフォーマンス評価格付け（各国の立法・実施状況を評価格付けし、その国際的比較結果を公表する）が厳しく活用されてきた。事実上の内政干渉といって過言でない。

2000 年代にはマルチ・ドナーが「ワシントン・コンセンサス」を修正し、法の支配や貧困削減を重視するなど「ポスト・ワシントン・コンセンサス」の時代を迎えているとする楽観論も行われている（Trubek 前掲）。しかしながら現実には、「モデル法」の外資優先志向は修正どころかむしろ改訂強化され、コンディショナリティや評価格付けといった圧力装置も、2000年代以降に引続き実施されている現実が直視されなければならない。たとえば1999年公表の世銀による倒産法原則（World Bank 1999）は、2004年に投資家利益優先で改訂強化され、世銀・IMFによるパフォーマンス評価制度であるROSC（Reports on the Observation of Standards and Codes）の評価基準の一として、その融資活動で活用されている。検討課題は、モデル法が「ワシントン・コンセンサス」を体するのか「ポスト・ワシントン・コンセンサス」を体するのかといった抽象的理念を超えて、その政策志向の内実を見つめる点にあると考えられる。

そこでこの章では、法整備における「主体性」を検討する見地から、モデル法がどのようにして成立してきたのか、その内容的問題性はどこにあるのか、またモデル法の採用を迫られた諸国がどのような対応を示しているのかを観察していく。

（2） 手続的正統性と内容的妥当性

国内法のボーダーの外には、グロティウス以来の国際法の伝統的世界がある。しかしそこでも、あくまで国家を合意主体とする条約・協定交渉が国際法形成の基盤とされてきた。国家はあくまで自ら行った合意ゆえに、自ら拘束され、また国内法を国際法にハーモナイズする義務をも主体的に引き受けるのである。しかし今日、こうした伝統的な国際法のありかたは外延を脅かされている。第一は、紛争解決過程を通じた国際法の適用・解釈の広がりゆえであり、国家はいついかなる局面で紛争の場に引き出され思いもよらぬ国際規範の拘束に晒されないとは限らない。WTO紛争解決パネルのような多国間の紛争解決枠組みもさることながら、二国間投資協定（BIT）や自由貿易協定（FTA）などのバイラテラルの枠組みにおいては、投資家が国家を訴える形式での投資紛争解決フォーラムが展開しており、国際規範は急速に拡散方向に向かっているようにみえる。第二は、非拘束的ないわゆるソフト・ローの影響であり、国際法本来の厳密な効力発生要件を踏まえることなく簡便な方法で成立・公表され、事実上の影響力を増している。マルチ・ドナーの作成するモデル法もこれに位置づけられよう。

ソフト・ローの展開に関して、少なくとも2つの問題を指摘しえるだろう。第一は、いかに非拘束的であるとはいえ、国際的な影響力は甚大なのであるから、作成・公表に当たって一定の手続条件を要求すべきではないかという手続的論点である。第二は、いかに非拘束的であるとはいえ、内容的な妥当性がより厳密に検証の対象とされねばならないのではないかという実質的問題である。マルチ・ドナーの手になるモデル法について、これらのいずれの論点も、いまだ十分検討されてはこなかったと思われる。本章次節II.ではこれらの問題を論じたい。

（3） アジア危機とモデル法

マルチ・ドナーの各種モデル法が登場する一つのきっかけをなしたのが、1997年半ばのバーツ危機に端を発したアジア通貨・金融危機であった。すなわち主要なモデル法のうち体制移行諸国向けに開発されたものは1994年公表のEBRDモデル担保法（EBRD 1994）がある程度であり、破産法（World Bank 2001/2004; IMF 1999b; ADB 2000等）、競争法（World Bank/OECD 1999; UNCTAD 2004等）、コーポレート・ガバナンス（OECD 1999/2004; EBRD 2000; World Bank 2003等）、など多くの経済法制分野のモデル法はまさにアジア危機後の構造改革の文脈で形成・公表されたことが忘れられてはならない。それらの内容的妥当性を論じる場合には、一般的抽象的にではなく、アジア危機の文脈に立ち返って再検討する意義がある。

アジア危機発生から10年あまりが過ぎ、日本を含むアジア一円でこの10年の軌跡を回顧する学術研究が相次いだ。論点はIMF世銀がコンディショナリティを用いて強要した対策論とその背後の原因認識の再検証であり、この検証のうえで各国の改革成果がさまざまの角度で比較されている[1)]。これらの議論の多くは経済学が主導し、法学からの参加は期待されてこなかった。しかし危機後のIMF世銀のコンディショナリティの中核をなした企業・金融構造改革においては、マクロ経済指標以上に、倒産法・担保法・会社法・競争法といった法制改革メニューが重きをなした事実は忘れられてはならない。そしてそれらアジア危機コンディショナリティの背後で、世銀・IMF・ADB・OECD等の国際機関が相争って「モデル法」を公表し、法制改革の内容面を方向づける役割を果たした事実がある。アジア危機後の原因論・対策論の優劣を厳密に見極めていくうえでも、これらコンディショナリティの中核を担ったモデル法の具体的内容の解明、またこれらを受けて進んだ法制改革の実態面の検討は、必須のはずである。

アジア危機の原因論・対策論をめぐっては、投機性外資の短期的流入・流出行動が招いた通貨危機が主因であるとする「外因説」と、そうした短期性外資を招き入れる原因をなした資本収支黒字化政策やその背後の経常収支赤字問題といったマクロ政策運営の脆弱性、また流入した短期性外資を為替・期間リスク度外視で非生産性分野に投入していった国内金融・企業セクターの問題性に着眼する「内因説」とが対立したことは、なお記憶に新しい。こうした原因認識の違いは当然ながら対策論の違いに反映され、「外因説」は短期性外資規制を対策論の柱としたが、「内因説」はマクロ政策見直しと金融・企業構造改革を主唱した。アジア危機10年の論者の一部にも、こうした端的な二元的理解は受け継がれ、「外因説」の典型であったマレーシアが早期の経済回復を果たし、逆にIMF世銀コンディショナリティに取り込まれていったタイ・インドネシア・韓国の景気回復が遅れた点をもって、「外因説」の勝利を説く単純な議論も散見される。しかしながら、「外因説」の嚆矢とみられたマレーシアではじつはその後に意欲的な金融・企業構造改革が進んだ事実、また逆に「内因説」の嚆矢とみられがちなIMF世銀コンディショナリティが実はしだいに構造改革の矛先を後退させ、この後退を受けたタイ・インドネシア・韓国の構造改革の方向性を多分に歪めた実態が看過されるべきではない（金子2004、p.23-27）。

アジア危機10年の因果はめぐり、2008年以降に生起した世界金融危機は改めて危機対策の処方箋のありかたを問い直している。二元的な原因論・対策論を超えて、コンディショナリティの実態を既定したモデル法、またその影響下で行われた現実の改革立法・実施面のより精緻な検証が求められているはずである。

2. 形成過程の手続的正統性

（1） モデル法導入会議

この節では、モデル法の形成過程の手続的正統性を検討したい。さしあたって個人的な記憶を披露すると、筆者はたまたま1999年10月にアジア開発銀行（ADB）マニラ本部で開催された、倒産法モデル・担保法モデルの導入会議を傍聴した経験がある。この会議はADB主催であったが、世銀・IMF・USAIDなどの関係者が出席し、アジア危機後の法制改革を導くモデルとしてすでに世銀の主導によりアジア各地で紹介活動が進んでいた倒産法モデル草案（World Bank 1999）の総仕上げ、および新たに担保法モデルの提起が、会議の狙いとされていた。ちなみに日本法務省が参加・報告を求めたが主催側から断られたため、代わりに純然たる研究目的のオブザーバーとして筆者が傍聴を認められた。

会議場は重々しい空気に包まれていた。正面壇上にADB主催者側があたかも裁判官然と居並び、その眼下の円卓の第一列目には、アジア通貨危機の問題諸国であるタイ・インドネシア・韓国の司法省役人と民間弁護士が、あたかも被告席のごとく着座していた。その後背にはあたかも利害関係人のごとく、フィリピン・パキスタン・中国・シンガポールなどの関連アジア諸国の司法省役人・民間弁護士が着席していた。さらに正面右側には、あたかも陪審員然たる位置づけで、世銀・IMF・USAID等のドナー関係者が居並び、アジア諸国代表を見下ろすという構図であった。このような、あたかもアジア危機発生諸国の過ちを裁くごとき空気のもと、すでに世銀・IMF・ADB側関係者の手で書き上げられた倒産法モデル・担保法モデル草案が、事務局によって一方的に、一条一条毎に読み上げられ、異存はないかと問われ、とくに意見がなければ合意ありとして先に進むという迅速な形式で、都合4日間の日程が終了した。このようにして、これらモデル法に対する「官民両セクター代表の広範な参加に基づく合意」（モデル法前文参照）が擬制されたのである。これらモデル法草案はその後、世銀・ADB等の内部でどのような合意形成手続を経たのかはブラック・ボックスのなかで知るよしもないが、後日ほぼ草案どおりの形で関係機関から公表・刊行された（世銀 1999; 世銀 2001/2004; IMF1999b; ADB 2000）。

この典型例にみるように、マルチ・ドナーのモデル法は、形成過程の起草・参加・審議・承認いずれの段階においても、国際間の実質的な参加・議論・合意を経ていないことが注目されねばならない。モデル法の起草はごく一握りの「法と経済学」研究者を自称する（しかし経済学や政治学の履修歴はあっても法学履修歴のない）世銀 OB により担当されていた。会議への参加者は、モデル法起草に先立つアンケート調査に協力したという各国の司法省担当者および民間弁護士らであり、彼らが各国政府・法曹団体の代表性を有していたことは到底ありえない。しかも事前に参加を拒否されていた日本を含めて、大陸法系先進国からの参加を欠いており、参加の限定性・非対等性は否みがたいものであった。審議方式は極めて短期であり、同様の会議をアジア各地で単発的に開催しているようすではあったが、いずれにしても継続的・専門的検討の余地は封じ込められていた。会議の合意形式に至っては、彼ら参加者が単に異議を唱えないというだけのことであって、なんらの決議が採択されたわけでもない。これがモデル法の形成過程の実像であった。

（2） UNCITRAL 立法ガイドの手続過程

これとの対比で、同じく倒産法・担保法の領域において、2000 年以降に国連国際商取引法委員会（UNCITRAL）によって審議が重ねられ、先ごろ成立した Legislative Guide on Insolvency Law および Legislative Guide on Secured Transactions の形成過程は、非常に対照的である。そこでは国際条約の審議過程にも近似した、緻密な手続過程が踏まれていた。すなわち 1999 年に倒産法、2002 年に担保法のそれぞれの作業部会が設置された。このうち倒産法作業部会では、5 年にわたり 7 会期の部会審議を経て、2004 年 6 月に UNCITRAL 本会議にて正式決定、同年 12 月には国連総会決議（59/40 決議）で了承されるという慎重な段取りが採られている。いっぽう担保法についても、2007 年 2 月に完成をみるまでに 5 年間 12 会期にわたり、36 ～ 60 カ国の専門家の参加による徹底審議を経由し、2007 年 12 月の UNCITRAL 第 40 回会期中の正式決定を経て、2008年12月の国連総会決定に至る、慎重な手続過程が踏まれた。

同じくソフト・ローないしモデル法と総称されてはいるものの、上記の世銀等マルチ・ドナーによるモデル法と、このような国連機関によるそれとでは、手続的プロセスに歴然たる違いが存在する。UNCITRALの手続過程の特色は、広範で対等な参加、専門性の高い継続的なフォーラムによる長期の徹底審議、代表性の高い場における合意・成立手続など、もっぱら審議環境の実質化が追求されていることがわかる。

3. 実体的内容面の妥当性

(1) 米国型モデルとその修正

では以上にみた形成過程の手続的相違は、どのような実体内容面の相違をもたらしているだろうか。その点の比較が本節の目的である。世銀・IMF・ADBのモデル法が多分に米国モデル（米国連邦倒産法チャプター・イレブンや統一商法典第9編など）の内容的模倣であることは知られている。とりわけ倒産法モデル・担保法モデルは並行して形成され、そこに通暁する政策志向は、倒産企業の「救済」を最善の選択肢とし、その手段として有担保債権者を筆頭とする既存債権者の譲歩を促す一貫した方針であった（金子2004）。この「救済」方針の正当化根拠としては、起業家精神の擁護、雇用維持などを強調し、さらに決め手として「21世紀型金融危機説」、すなわち金融自由化の進んだグローバル化時代には金融危機の反復は不可避であるがゆえに、倒産法・担保法は金融危機救済を主目的として制度設計されるべしとする考えかたが唱えられていた。

じつはUNCITRAL Legislative Guidesについても世銀・米国等の肝入りで審議が開始した経緯があり[2)]、その当初の意図はやはり米国法モデルのグローバル・スタンダード化にあったことは想像に難くない。にも拘らず、両者の実体的内容は以下にみるように、大幅に相違していったことは注目に値する。このことは、モデル法の形成過程の手続的正統性の保障度の違いが、内容的妥当性の相違として現れてくることを示唆していよう。

（2） 倒産法モデルの内容的相違

このうちまず倒産法モデルの帰趨を決める政策選択をめぐっては、倒産法は実体法が定める優先順位に忠実に従いながら私的自治を保障する衡平手続に徹すべしとする「手続学派」（Jackson 1982）と、雇用維持などの再分配政策に依拠した実体的修正を強調する「再分配派」（Warren 1993 他）とが対立し、前者は債権回収最大化・私的自治を重んじ、後者は救済重視・司法裁量重視の文脈で論じられてきた。しかし最近では私的自治・司法裁量排除を強調しながらも、「救済が債権回収を最大化する」として倒産法による実体法書換えを許容しようとする、論点がすり替えられた救済優先論が有力である（Jackson & Scott 1989）。これに対しては、倒産法による実体法書換えにはなんら再分配効果がなく、じっさいは倒産企業経営陣に好都合な、債権者間のゼロサム・ゲームに帰しているとする有力な批判がある（Easterbrook 1990 他）にもかかわらず、このねじれ救済優先論は経済界で選好されてきたとみられる。

世銀の倒産法原則（World Bank 1999; 2001/2004）は、明らかにこの私的自治型・実体法書換え論に依拠する救済優先主義を採り、万事が倒産企業の主導で進む再建手続を推奨する内容である。すなわち第一の特色として、清算型手続と再建型手続を一本化し、このうち破綻企業自身による再建型手続開始を優先させる手続統一化を図っている（World Bank 1999, 2.2.2 項）。この再建型手続では破綻企業経営陣が自ら手続開始の主導権を握り、“debtor-in-possession” として再建計画の実権を握ることになる。債権回収は自動的停止（ステイ）にかかり、有担保・無担保債権者を問わず再建計画にとり込まれる。なおこうした手続統一化の正当化根拠として、ドイツ 1994 年倒産法の統一手続が言及されているが、しかしドイツ倒産法は手続選択をあくまで当事者自治に委ねているのに対して、世銀モデルでは立法により再建型手続の優先を強制する点が大きく異なっている。ドイツ法は当事者自治による市場的規律を志向しているが、世銀モデルは破綻企業救済を志向している政策選択の違いがある。

第二に、破綻の救済が国家経済に寄与するとの断定的な論理のもとに、倒産法を通じて救済実現のために実体法秩序の書換えを認める点に特色がある(ibid. 6.2 項)。具体的には、有担保債権者が実体法で保障された別除権や優先弁済権の棚上げ・譲歩、実体法が設定している先取特権などの優先権の否定、その半面で新規資金提供者（ニュー・マネー）に対する優先弁済・配当を可能にする super priority 原則、などである。またこれらのドラスティックな債権者譲歩を引き出すために、米国連邦倒産法チャプター・イレブンに倣って、破綻企業経営陣自身が再建手続を主管する debtor-in-possession、組分け、クラムダウン、また裁判所による内容的チェックを阻む形式審査主義、といった手続構造が組み込まれている。これら手続は modern であり efficient であるという主観的な強調が随所で目立つが、その論理的根拠は示されていない。

第三に、破綻企業の経営陣に対する責任追及の回避が図られている (ibid. 2.2.2 項 'common designs and features')。まずは取締役責任の追及は、手続法にすぎない倒産法が立入るべきではない実体課題であるとし、また破綻前夜の自由な経営建直し努力を妨げるとして、否定されている。また破綻前の流出財産の回復を図る管財人による否認権制度の行使は、取引秩序を乱すとして一括否定的に論じられている。少なくとも経営陣などのインサイダーに対する否認権行使を厳格化すべしとする見解がありえるはずだが、言及すらしていない。否認権を行使すべき管財人が"debtor-in-possession"つまり破綻企業経営陣自身とされているから、そもそも厳格な行使は期待しがたいであろう。また株主や経営関係者による破綻前の対会社融資を出資として扱う衡平的劣後化(equitable subordination）の法理も、いっさい言及されていない。

以上のような破綻企業経営陣の利害に偏重した再建型手続は、それ単体で独立した倒産処理手続ではなく、一連の公的救済プログラムの一環に位置づけるべく推奨されている。すなわち公金投入による金融機関救済→金融機関による債務免除を引き出す行政監督型私的整理（structured workouts)→この私的整理の結論（pre-packaged plan）に法的拘束力を与えるメカニズムとしての倒産法、というものである。

問題は、以上の一連の破綻企業救済枠組みとしての倒産法が、短期的には不良債権解消に役立つかもしれないが、市場的規律の創出による長期的な金融制度基盤健全化にはまったく関知しないという、二者択一的な政策判断の当否である。比較法的に見渡せば、短期の倒産処理課題と長期的な市場的規律の両立を図る制度探究例は多い。たとえばドイツ1994年倒産法のように当事者自治を徹底した手続統一化で対応する道もあり、また日本のように複数の倒産手続をやはり当事者自治の力学のなかで選択していく制度間競争的な道もある。世銀型モデル法はこうした両立の可能性を追求することなく、短期的な破綻企業救済に特化する政策選択に特色があった。

いっぽう、UNCITRAL倒産法ガイド（UNCITRAL 2004）では、基本的な政策方針面の項目立ては世銀型モデル法と酷似している（Part One）。しかし必ずしも倒産企業救済を絶対化せず、むしろ市場制度の規律・透明性を強調し（勧告第1項）、また金融アクセス促進のために債権者利益を擁護する必要性についても随所で言及しているなど、世銀型モデルとの基本的スタンスの相違を感じさせる。またとくに国家による公的介入型救済の是非については政策判断が分れるとして、あえて提言を避けている（Part One-II-D）。さらに具体的な設計面（Part Two）では、世銀・ADBのモデル法の各論面を政策衡量に立って修正しようとする技術論的検討が深められている。とくに倒産企業による手続濫用や既存債権者の権利侵害のおそれを伴う多くの場面で、裁判所の裁量的監督がふんだんに織り込まれている点（手続開始に関する勧告20項；否認権行使に関する137-8項；再建計画審査に関する勧告152-3項；新規資金提供者に対するsuper priorityの当否に関する67項など）が特筆に価する。これは倒産企業優位の私的自治を絶対視することなく、個別の状況に応じた妥当な公的監視・政策衡量を司法の場に委ねていく立場と考えられる。

（3）担保法モデルの内容的相違

世銀・ADB型の担保法モデル（World Bank 1999/2004; ADB 2002）においては、不動産・動産を問わず将来目的物を含む全資産に対して、将来債権をも含む包括的な被担保債権を対象とする包括根担保を、最小限の情報にとどまる届出一つで設定し、容易な私的実行を可能とするために、動産担保登録制度の確立を推奨している。こうした制度設計の利用形態として、一つはプロジェクト・ファイナンスのごとき大規模設備投資金融がありうる。いま一つは、金融機関がいわゆるブランケット型の在庫担保を常設してリボルビング融資を継続するメインバンク型金融形態があり、これは米国の中小企業融資における一つの典型的な担保慣行として知られてきた（Hill 2002 他）。こうした独占的な担保設定の当否をめぐっては議論があり、中小企業のコーポレート・ガバナンスを促進するモニタリング機能を果たしているとする肯定説もあるが（Modigliani & Miller 1958; Roe 2000）、後続債権者の権利争奪だとして、倒産時における有担保債権の優先順位否定論も声高に唱えられている（Kanda & Levmore 1994；Bebchuk & Fried 1996）。このように担保法モデルにおいて包括的独占的な担保登録制度を想定することと、先述の倒産法モデルにおいて倒産企業救済のための有担保債権譲歩の設計を行う議論とは、表裏一体の関係にある。うがった見方をすれば、倒産企業救済一色の倒産法モデルの設計を正当化するために、ことさら担保権を絶大化する担保法モデルを抱き合せで持ち出しているようにすら見える。

いっぽうUNCITRAL担保法ガイドにおいては（UNCITRAL 2008）、より複雑な政策調整を踏まえた検討の跡がある。その主眼は世銀・ADBモデルと同様に、将来目的物を包摂し将来債権をも被担保債権とする包括的担保登録制度の実現にあることは事実である。しかし不動産・動産を包摂するプロジェクト・ファイナンスなどの大規模設備投資を想定するとみえる世銀・ADBモデルとは異なり、あくまで動産担保取引に特化して検討する点で、むしろ米国統一商法典（UCC）第9編の本来的利用形である中小企業の在庫金融促進に軸足を置く姿勢が見いだされる。

しかも興味深いこととして、UNCITRAL担保法ガイドでは、米国UCC第9編の設計上の弱点を比較法的に修正しようとする議論が深められている。たとえば先行担保権による独占問題の批判に応えて、被担保債権に一定の特定性（勧告14c項）や極度額（勧告14e、57d、98項）などの調整手段を設けている。また担保実行については、米国UCC第9編の目玉である自力救済型の私的実行制度を受け入れつつも、行過ぎを戒めるべく裁判所の監督や手続規制を詳述する（勧告136-138、141、147-151項）、などである。

また米国モデルの受動的な踏襲にとどまらず、各国の金融慣行における長所を生かす工夫も随所で示されている。たとえばドイツ・オランダ等で、とくに守秘義務を重んじる金融慣行において多用されてきた譲渡担保との調整を詳細に取り扱っている（第IX章）。また売買担保権との競合問題については、在庫金融債権者が債務者の営業継続に資する売買担保権をモニタリングしつつも促進する立場にあるとみる立場から、ファイリングの要否や先取特権構成の採否などの詳細設計について各国法の政策判断に委ねている。営業通常過程の買主への対抗については、担保権の随伴性原則に対する、営業促進的政策配慮（ないし追求力の事実上の限界）からする例外として、体系的説明を与えようとしている（勧告79-81項）。また各国法の相違を尊重した抵触法規定を詳述している（第X章）。ただし証券化取引における担保権の便宜強化（勧告25、48項他）は、米国UCC第9編の最近の改変動向（証券化取引におけるcontrolに最優先順位を認める等）を安易に踏襲するもので、米国サブプライム・ローン問題の病巣をもなした危険な規制緩和傾向を受け継いだものとみられる。

以上総じて、世銀・ADBモデルには倒産企業救済や大規模設備資金調達の便宜、といった特定の政策志向への傾斜が見られるが、UNCITRALガイドはそうした偏頗を随所で修正し、より多角的な視点から複数の政策志向を検討し、体系的な調整を図っていこうとする努力が見出される。モデル法の形成過程において、実質的な審議環境を保障する手続的適正化に配慮が行われるとき、モデル法の内容的妥当性もまた高まることが示唆されよう。

4. アジア危機諸国のモデル法への対応

（1）コンディショナリティとモデル法の実相

アジア危機後のIMF世銀救済融資のコンディショナリティにおいて、法制改革は中核をなした。なかでも倒産法改革はことさら力点が置かれていたことから、以下では倒産法分野におけるモデル法と現地立法・施行過程との確執に着眼したい。

タイに対しては早くも1997年11月の対IMF第2回政策趣意書（Letter of Intent）で再建型倒産手続の新設が約定され、さらに1998年5月の対IMF第4回政策趣意書が、再建型倒産手続における組分け・クラムダウン条項の盛り込みや否認権規定の変更といった詳細部分の再改正を求めた。インドネシアでも1998年1月半ばのIMF政策合意書（Memorandum of Economic and Financial Policies）で倒産法改正が取り挙げられ、同年4月の改正法成立を見た。韓国でも1997年12月の対IMF第1回政策趣意書で、金融構造改革の一環として「株主と債権者の損失分担の明確な原則」を伴う倒産処理が促され、また破綻企業の市場退出によるコーポレート・ガバナンス強化趣旨で破産法の厳格適用が求められた。

こうした倒産法改革重視の意図は、短期的には深刻化した不良債権問題の解消手段として、中長期的には金融取引の健全な制度基盤整備として、説明された（IMF 1999a）。しかしこの短期的な不良債権処理の要請と、長期的な金融制度基盤健全化の要請とはつねに両立するとは限らず、そのいずれを重視していくかは制度設計における政策判断の問題である。興味深いのは、主要ドナーの間ですらこの政策判断の対立が生じていた事実である。すなわち当初のIMF政策趣意書のコンディショナリティは、アジア危機発生直後には、市場的規律を重視した長期的視点での倒産法改革を明言していた。しかし、1998年中の米国議会筋によるIMF批判キャンペーンの渦中で政策転換を迫られ、破綻企業の短期的救済重視へと転向を余儀なくされていった（IMF ibid, p.105）。この転換を受けて、タイでは1998年8月対IMF第5回政策趣意書以降に、金融機関救済の公金投入プログラムが導入されるとともに、金融行政主導による私的整理促進枠組み（いわゆるバンコク・アプローチ）の開始が宣言された。インドネシアでも1998年9月対IMF第3回政策趣意書以降に、金融機関救済プログラム（IBRAスキーム）が登場し、これと抱き合わせで私的整理促進枠組み（いわゆるジャカルタ・イニシアティブ）が約束された。韓国でも1998年7月の対IMF第5回政策趣意書および世銀第二次構造調整融資「企業再建に関する政策マトリクス」で私的整理促進枠組みの導入が促され、倒産法をこうした私的整理と連動して運用せよとする倒産企業救済色が前面に押し出されていったのである。このようなIMFの方針転換の背後ではまさに、世銀の主導でモデル法の形成が進められていた。この経緯から、モデル法が純然たるガイドラインではなく、コンディショナリティの圧力を利用しながら、各国の法制改革の政策選択を具体的に方向づける狙いで導入されたことが読み取られる。

この倒産法モデルの内容的焦点は、先述の世銀倒産法モデル（World Bank 1999; 2001/2004）にみたように、倒産企業救済色を前面に押し出すものであった。すなわち、倒産企業の届出により有担保債権を含むすべての債権回収が自動的停止し、倒産企業の経営陣が自らdebtor-in-possessionとして企業資産の管理権を掌握し、再建計画を作成する。再建計画の決定手続は、組分け・クラムダウン制度などの特殊枠組みにより反対債権者があっても成立しやすく設計され、これにより有担保債権の譲歩、また新規資金提供者への最優遇など、実体法の優先関係の事後的転換が強行されやすい手続構造である。また不当な流出財産を回復するための否認権制度については、営業継続を阻害するなどの理由で実施に消極的である。他方で、これら一連の手続に対する裁判所の監督介入は、私的自治を害するなどの理由で最小化すべしとする。換言すれば、倒産企業経営陣主導のお手盛りの私的整理を可能にし、これに自動的に法的拘束力を保障しようとする制度設計である。さらに金融危機においては、公金投入・租税優遇措置によって金融機関を救済し、これを通じて倒産企業への債務免除を促進する国家主導型のstructured workoutが強く推奨されていた。債権者主導の交渉力学を通じて市場的規律を図ろうとしてきた倒産法の伝統的な自由主義的配慮は、ここにはなんら見いだすことができない。

（2）　改革諸国の対応

このような特殊な倒産法モデルを突きつけられた改革対象諸国は、それぞれどのような法制改革の道を選択したのであろうか。各国とも迅速に倒産法改正を実現したことは、IMF世銀による指導の成果として高く評価されてきた（World Bank 1998, p.124-8等）。しかしながら問題は単に倒産法と名のつく立法改革が行われたか否かではなく、それぞれの具体的な制度設計の内容面とその経済成果である。

1） タイ

タイはIMF世銀コンディショナリティへの迅速な対応をアピールし、2002年6月までに経済管理の終了に漕ぎ着けた、いわば優等生的な行動ぶりが目立った。その立法改革の具体的内容面も、世銀モデルの路線に忠実な破綻企業救済色に満ちたものとなった。

すなわちタイ1940年破産法が英法系の自由主義的影響を受けた債権者主導の制度設計を有していたが、IMF世銀コンディショナリティを受けて、まずは1998年4月改正により救済重視の企業再生手続を新設した。ただしこれは債権者主導の伝統的手続基盤を維持しながら、そこに米国流の債務者主導手続を上乗せする対応であったために、複雑で曖昧な手続構造を生み、経済界の疑心暗鬼を生んで制度利用は進まなかった。その後、対IMF第5回趣意書を受けて1999年4月に再改正が行われ、米国連邦倒産法チャプター・イレブンの影響を受けた破綻企業救済志向が強められると、にわかに債務者側による利用が急増した。

この1999年法改正で注目されるのは、米国チャプター・イレブンに見る以上に、企業救済志向が強められている点である。なかでも再建計画の採択を促す強力な制度設計が図られている。たとえば企業再建案の採決手続のうえで、中小有担保債権者は強制的に1つの組に一括して組分けされ、発言権が疎外されている（90/42ノ2条）。またクラムダウンの成立条件として、米国法では権利縮減を求められる組のうち少なくとも一組の賛成を条件としているのに対して、タイ法はこうした権利縮減組の賛成をなんら要件とせず、単に多数決原理に依拠している（90/46ノ2条）。また米国法では有担保債権者の優先弁済権や絶対優先原則などのいわゆるクラムダウン条件が強行法規となっているが、タイ法では解釈余地が見受けられる（90/58条2号など）。

1999年改正ではこのほかにも、新規資金提供者の優遇（super priority）を可能にすべく従来の衡平的劣後規定を廃止し（94条2項）、また否認権制度を緩和し（114－116条）、インサイダー取引の否認制度については強化するように見えて実は遺漏の多い規定を設けた（115条・90の41条）。総じて、世銀型モデルが示唆する方向性に忠実に、手続統一化、既存債権者の譲歩、新規資金提供者の優遇、破綻経営陣の責任追及緩和、などの改革メニューを取り込み、破綻企業救済色を明らかにしたのである。

こうした倒産法本体の改革と相まって、行政主導の私的整理枠組み「バンコク・アプローチ」が推進されたことも注目される。1980年代末英国で活用された「ロンドン・アプローチ」が参加・離脱とも自由な私的自治の枠組みであったことと異なり、「バンコク・アプローチ」は任意性をほのめかす「契約」の枠組みを強調するものの、じっさいは、行政指導により債権者の参加を事実上強制し、違約罰を通じて契約からの離脱を阻止する巧妙な枠組みである。このアプローチは結果として債務者の経営存続を前提とした債務リストラに貢献した[3)]。これは行政監督下の私的整理の合意をpre-packaged planとして再建型倒産手続に持ち込んで強制力を与えるという、まさに世銀型モデルが推奨したstructured workoutの忠実な実現であった。すなわち1999年時点で貸出残高総計の47%に及ぶ2兆7,290億バーツに達した不良債権が、2002年までの短期間にその3分の1レベルに縮減したわけだが、この縮減のうち、3割は資産管理会社への分離とその公的資産管理会社（TAMC）への最終的集約、1.5割程度は国有化や公的資本注入プログラムなどの公的支援による債権償却、残る4割強がバンコク・アプローチと倒産法パッケージを通じるものであった。ただしその大半が先送り（リスケジュール）されつつ貸倒引当金の積増しにより徐々に償却される方式であった。このようなリスケジュール方針は短期的には不良債権処理の数字上の改善に奏効したが、2006年以降にそのコストが顕在化して銀行収益を圧迫し、結果として銀行を高リスク高収益の中小企業・個人向け高金利融資に走らせているという（Nakornthab 2007）。

以上をまとめると、タイの倒産法は短期的な不良債権処理手段として一定の役割を果たしたといいうるかもしれないが、長期的な市場的規律の要請に対応するものではありえない。しかし経済界にはその後なおも、経営救済志向のさらなる明確化を求めて米国チャプター・イレブン完全模倣型の破産法再々改正を求める声があり、政府部内でその改正準備が進んでいるという[4)]。このように救済志向のモデル法が当然視されていくなかで、経済界に、投機的経済に踊ったあげく破綻局面では政治的救済を当て込むというモラルハザードが広がっているとすれば、危険である。

2）インドネシア

インドネシアでは、オランダ植民地時代以来の1905年「破産法」を引き継いできたが、有限責任会社での利用は極めて少なかったといい、これは有限責任形態を濫用した倒産前夜の資産流出を阻みうる厳格な運用が行われてこなかったためと見られる。手続選択肢としては破産手続とその過程の和議手続しか存在しこなかったため、タイと同じく再建型手続の強化を求めるコンディショナリティを受けて、1998年4月に破産法改正（1998年法律第1号）を実施した。同時に、破産手続を専属管轄する「商業裁判所」を設置し（破産法第3章）、上訴については便宜のある二審制を採用した（284－286条）。

この再建型手続はタイの改正におけるような独立手続の新設ではなく、従来から存在した和議合意のための「債権行使一時停止手続」（破産法第2章）の枠組みを活かしながら、再建交渉の余地を高めるものであった。たとえば、従来は明確な手続停止期間の限定がなかったところを、270日までとする期限設定を行った（217条4項）。また従来は停止手続の開始につき裁判所の裁量余地があったところを、債権者会議の合意（出席無担保債権の2分の1かつ無担保債権総額の3分の2）のみで可能と明示するなど私的自治を高めた（217条5項）。停止手続が開始すると破産手続に対して当然に優位するが（217条6項）、停止期間中に和議の合意が成立しない場合には即座に破産手続に移るとして（217条のA）、いわゆる破産のアンカー機能が明示された。また従来は、停止手続は有担保債権者の別除権行使を妨げぬものとされていたところ、新たに有担保債権者をも取り込む仕組みとした（231条のA）。またこのほか、否認権規定の強化も行われた。

以上の改正は、再建型手続の清算型手続に対する優先、有担保債権者の停止手続への取り込み、などといった点で、国際機関のコンディショナリティの示す線に対応する方向性が窺われる。しかしながら、再建型手続の優先といっても270日を限度とする暫定的停止であり、有担保債権者の取り込みも別除権の一時的停止に過ぎず優先弁済権に影響を及ぼすものではなく、また米国チャプター・イレブンにおけるような債権者の組分けやクラムダウンといった強行的な手続規定を盛り込んだわけでもない。総じて強引に債権者間の譲歩を引き出し再建を強行するような性格はなく、むしろ債権回収法としての既存の破産法の性格が許す範囲でのみ国際機関の要求に対応しようとした、法エリートの対応姿勢が読み取られる。

そのためか外資の一般的評価は芳しくなく、裁判官が自国企業擁護の意図で恣意的な判断を重ねているなどとする批判が展開された。いっぽう地場経済界側は、外資侵略説・失業問題などを論拠に破産法そのものへの反発を高め、別途、米国チャプター・イレブン型の経営救済型手続を意図した再改正を要求しつづけている。

また政府主導の「ジャカルタ・イニシアティブ」では、行政当局に情報提供役以上の主導権がなく、さしたる進捗が見られなかった。またすでに1998年6月という早い段階で外銀主導で合意されていた包括的債務繰り延べ枠組み「インドラ・スキーム」の利用も振るわなかった。この背景として、1980年代金融自由化以来のインドネシアの金融構造が、財閥系列毎に自家銀行を設立しその総数200行余りを数え、主に財閥毎の外銀融資・外債調達を図る窓口として利用されていた経緯があり、結果、危機発生後の不良債権問題が「外資v.内資」の国際的対立構図を示して膠着したことが指摘される（小松1998; 白石1998）。行政当局としては、金融機関構造改革プログラム（IBRAスキーム）を通じてかかる膠着の解消に側面的支援を図ったが、しかし金融機関救済とはまさに特定財閥系列の救済を意味するだけに多用は難しく、主に国有銀行改編やスハルト系財閥への懲罰的処理といった、政治的性格の強い対策に特化していった。

3）韓　国

韓国の倒産法制は第二次大戦後に日本法の影響を受けながら発達し、1962年破産法、同年和議法、1963年会社整理法（日本の会社更生法に相当）が成立、その後も日本の動向を睨んだ改正を重ねてきた。しかし実施面は日本と大きく異なり、破産を忌み嫌う社会的感情を反映して破産件数は皆無で推移し、重症な破綻事例でももっぱら和議や会社整理手続が活用されてきた（金2000a）。

アジア危機後は、当初の国際機関コンディショナリティが先述のように破産法の適用現実化を迫ったことを受けて、1998年改正で、裁判管轄の統一などを通じた破産回避行動の阻止が図られ、また大規模倒産等についての和議の特別棄却制度（改正和議法19条の2）などを新設した。結果として、同年中に破産申立てが400件余りに達するなどの現実的成果を見た。

しかしその後、世銀等マルチ・ドナーが経営存続型再建重視に転じ、私的整理と機能的に結合した法的倒産手続の見直しを求めていったことを受けて、1999年以降の改正は矛先を転じていった（金2000b; 金2000c）。会社整理法においては、「少数の担保権者による不当な引き延ばしを防止する」とする趣旨で整理計画案の採決要件の緩和が行われ（205条）、もっぱら債権者譲歩による再建追求志向を強めた。いっぽう、会社整理手続が不成功の場合に強制的に破産手続に移行するとし（23条）、その趣旨の手続統一化を行うなど（24条。なお和議法10条も同様）、破産手続をあくまでアンカー機能として位置づける方針に転換した。以上は、先述の国際機関モデルを大枠で踏襲するものといえよう。

このほかの改革項目として、従来からほとんど行使されてこなかったとみられる否認権の強化を図っている（改正破産法64・68条、改正会社整理法78条による期間延長や否認権行使命令）。また破産配当において労働債権を財団債権と見なす政策配慮を行い（38条10号・11号）、社会勢力の慰撫を図った。

韓国ではまた、財閥自身が自己の経営改革方針を主導して内外にアピールし、金融機関がその改革実施を側面支援する形で私的整理枠組み（企業構造改善約定手続）が進んだ。ただしこのような私的整理枠組みの成功は、必ずしも世銀IMFのモデル法が示唆するような政府介入の賜物ではなく、むしろ従来から存在した財閥主導の経済慣行の延長線上で理解できるであろう（国際金融情報センター2000, p.87-95）。韓国ではアジア危機前夜の企業金融の実態が、地場銀行をチャンネルとした財閥による過度な外資取り入れであったから、1998年初に外銀と地場銀行との包括的債務繰り延べ枠組みが成立するや、対外的債務問題が国内的な不良債権処理に転換され、急速に財閥・金融間の協調的解消をみていった。

以上みたように、倒産法分野におけるIMF世銀の処方箋が、当初の市場的規律重視から短期的救済志向に転換した変化は、アジア危機諸国のその後の法整備にそれぞれ影響を及ぼしていた。タイでは短期救済志向の法制改革に向かい、危機後の不良債権問題の先送り的処理に奏功し、早期の債務リストラを実現した点では内外から評価されたが、しかし危機後10年あまりを経て企業・金融セクターは危機対策のコストを引きずっている。インドネシアではあくまで既存法制の市場的規律重視の枠組みを維持し、その範囲内で微修正を行うことによってモデル法に対応しようとした。こうした頑なさは外資の不評を買ったけれども、当初のIMFコンディショナリティが示していた市場的規律重視の姿勢とは平仄のあうものであったとみることができる。これに対して韓国は、ドナー側の方針変化に最も振り回された感があり、当初の市場的規律重視のコンディショナリティのもとでは、裁判所が和議棄却により厳格な清算処理を促すなど市場的規律重視に真摯であったが、コンディショナリティが救済重視に転じて以降は、再建型手続を中心とする財閥改革の具となった。しかしこの転換の渦中でも一貫して破産責任追及などの市場的規律が追及された姿勢は注目され、短期的救済と長期的な市場的規律の両立がかなりの程度意識されていたと見受けられる。このように、同じモデル法を突きつけられながらも、各国はそれぞれ異なる政策対応を示した。

以上のいずれの対応が、アジア危機後の改革課題に対して適切であったといえるだろうか。本来の課題が経済危機の再来を防ぐ長期安定的な市場制度基盤の構築にあったとすれば、改革成果の検証は、次なる経済危機がアジアを襲う際に、各国経済基盤の足腰の強さの違いとして表面化するだろう。ただ世界金融危機はあまりにも早く訪れた。アジア危機の教訓を、世界はなんら学んでいなかったのである。

（3） ポスト・ワシントン・コンセンサスと裁量主義への懸念

本節でみたモデル法のアジアにおける展開から引き出される一つの教訓として、モデル法そのものは投資家利益を拡張する新自由主義・規制緩和志向に発しているが、その裁量主義的な性格ゆえに、結果として国家裁量による介入主義的政策と結びつく運用傾向である。モデル法の基盤には、欧米近代法が過去に発達させてきた市場的規律を重んじる自由主義的な法制枠組みが踏襲されているのだが、そこに裁量的例外余地を縦横に組み込んでいく体裁で、モデル法は構成されている。したがってこうした裁量的例外余地が国家による裁量的政策運営の道具ともなるのである。たとえば倒産法モデルでみたように、市場的規律を重んじる当事者自治型手続を「自動的停止」で棚上げし、行政主導の救済メカニズムを優先させる介入が可能になる。同様に、コーポレート・ガバナンス分野のモデル法も、株主代表訴訟などの自治的監視メカニズムについて、その枠組みを残したまま、そこに経営判断原則や免責制度などの解釈・例外余地を組み込んでいくのである。競争法分野でも、当局の衡量判断場面を増やし、効率（社会的余剰基準）を根拠とする例外余地を拡大する傾向にある。これらの裁量的設計は、投資家の自治を拡張する新自由主義的意図に発するとしても、受入国の運用においてはそのまま国家主導の介入主義的政策運営を助ける結果が予想される。

ひとつの懸念は、モデル法を支える新自由主義的な政策志向が、受入国の介入主義的政策志向と同調しあい、健全な自由主義的市場基盤の構築を阻んでいるのではないかという点である。モデル法の登場は先述のように、IMFが当初主唱した純然たる自由主義路線に対抗する形で、IMF批判・新古典派経済政策の修正を迫る「ポスト・ワシントン・コンセンサス」の文脈に支えられる形で登場したことは、けっして見過ごされてはならない事実である（IMF 1999a）。米国議会によるIMF批判キャンペーンがコンディショナリティの矛先を市場的規律から短期救済優位へと転換させたと同じ時期に、金融自由化時代の危機対策においては国家の役割が高まるとするJ. Stiglitzらの「ポスト・ワシントン・コンセンサス」論が展開された。また同じくStiglitzらがモデル法の規制緩和志向を支持していたことは注目される（Stiglitz 2001）。かように新自由主義・規制緩和志向の法制改革は、「ポスト・ワシントン・コンセンサス」論を結節点として、その対極にあるはずの介入主義的政策志向と、じつは密接な関係で展開されてきたきらいがある。

このような新自由主義と介入主義との癒合が見いだされるとすれば、健全な市場秩序の構築をめざす自由主義的な法制改革が大きく阻まれていくおそれがあろう。1990年代の「ワシントン・コンセンサス」は貿易投資自由化を強引に追求し批判を浴びたが、しかしそこには外資利益が国内政策を疎外する法整備のみならず、外資利益と国内政策利益を調整する法整備の方向性を追求する余地がありえたはずである。そのような利害調整型の法制度は、透明性・平等性の高い市場制度基盤を明示する自由主義的なルール主義である（表3-2のC)。しかし「ポスト・ワシントン・コンセンサス」はその利害調整を不透明な国家裁量によって進める道を許容し（表3-2のA)、それは結果として、透明一律ルールの埒外で交渉力を発揮しようとする新自由主義と境を接し（表3-2のD)、悪しき外資の暗躍を許してしまう制度選択ではないのか。

かくしてモデル法をめぐるドラマは、自由主義（透明）と新自由主義（裁量）との対決（そして後者の勝利）であったと理解できるだろう。アジア危機後の改革諸国には多かれ少なかれ、自由主義的な制度構築への内的希求が存在していた。韓国ではそれは国民世論として噴出し、構造改革の内容面で規制強化として顕現した。インドネシアでも競争法の立法・実施に見られるように、やはりクローニー・キャピタリズムの克服を促す国民的議論に支えられた規制強化の一面を見逃せない。タイにおいてすら、結果的には保守的な政治力学に

表3-2　モデル法の政策志向

	(市場) ワシントン・コンセンサス	=配分手段= ←自由化←	(国家) ポスト・ワシントン・コンセンサス
=法制度設計= (裁量) ↑規制緩和↑ (透明)	C：市場制度構築型		B：開発国家型
	D：新自由主義型		A：開発独裁型

(筆者作成)

よって潰されてしまったとはいえ、自由主義的な規制強化を目ざす立法草案を構想した法エリートの一群は存在した。こうした内発的な自由主義志向を、ポスト・ワシントン・コンセンサス論を隠れ蓑とする新自由主義のモデル法が阻害しているとすれば、ゆゆしいことである。

アジア危機の渦中で導入された新自由主義的なモデル法は、いまやアジア危機諸国のみならず、世界各地で改革過程の途上国・移行国に突きつけられている。世界各地で進む法制改革が、自由主義的な制度構築の努力を阻害し、国家主義の介入主義の温存をアピールしながら、じっさいは不透明な外資優過へ向けて進行していることが懸念される。心ある二国間ドナーの法整備支援は、これら受入れ諸国の制度構築能力を補佐し、その主体性の回復区擁護する、せめてもの役割を担うべきであろう。

注

1) たとえばアジア政経学会シンポジウム「特集：アジア通貨危機を超えて—金融・企業セクターの改革」(2007年11月研究大会) はタイ・マレーシア・インドネシア・韓国の金融・企業構造改革の帰趨を比較した。深川 (2008) 参照。

2) 2008年12月11日の国連総会決定63/121の経緯説明参照。

3) IMF経済管理終了の2002年時点までに1万件余りがこの枠組みにより成功裏にリストラされたという。Dasri (2002)。

4) 2008年1月時点、草案起草グループの一員であるタマサート大学Suda Visrutpich準教授より聴取。

第3章の参考文献

金子由芳 (2004)『アジア危機と金融法制改革』信山社.

金祥洙 (2000a)「韓国について」, 法務省法務総合研究所／国際民商事法センター編『アジア太平洋諸国における企業倒産と担保法』.

金祥洙 (2000b)「韓国の改正会社整理法」,『国際商事法務』28巻3号.

金祥洙 (2000c)「韓国の改正破産法・和議法」,『国際商事法務』28巻4号.

国際金融情報センター (2000)『アジア9カ国の倒産法整備の現状と実際の運用』.

小松正昭 (1998)「インドネシア金融部門〜金融自由化政策と今日の金融危機の背景」, 大蔵省財政金融研究所編『ASEAN4の金融と財政の歩み—経済発展と通貨危機』.

白石隆（1998）「アジア通貨危機の政治学」，大蔵省財政金融研究所編『ASEAN4の金融と財政の歩み―経済発展と通貨危機』．

深川由起子（2008）「アジア通貨危機10年―構造改革の進捗と含意」，『アジア研究』54巻2号．

ADB, (1999) *The Role of Law and Legal Institutions in Asian Economic Development 1960–1995.*

ADB, (2000a) 'Good Practice Standard' in ADB (2000) "Report No.5795: Insolvency Law Reforms in the Asian and Pacific Region" in Law and Policy Reform at the Asian Development Bank 2000, Volume I (April 2000).

ADB (2000b) *Law and Policy Reform at the Asian Development Bank 2000, Volume II.*

ADB (2002) *Law and Policy Reform at the Asian Development Bank-A Guide to Movables Registries.*

Bebchuk, L. A. & Fried, J. M. (1996) "The Uneasy Case for the Priority of Secured Claims in Bankruptcy," 105 *Yale Law Journal:* 857.

Dasri, T. (2002) "Informal Workouts for Corporate Debt Restructuring in Thailand: Mechanism, Techniques and Challenges of Financial Crisis Management," Bank of Thailand.

Easterbrook, F. H. (1990) "Is Corporate Bankruptcy Efficient?" 27 *Journal of Financial Economics:* 411.

EBRD (1992–1997) *Laws in transitions*, EBRD.

EBRD (1994) *Model Law of Secured Transactions.*

EBRD (2000) "Principles of Corporate Governance and Corporate Governance Checklist" available at www.ebrd.org.

Hansmann, H. and Kraakman, R. (2001) "The End of History for Corporate Law," 89 *Georgetown Law Journal:* 438.

Hill, C. A. (2002) "Is Secured Debt Efficient?" 80 *Texas L. Rev.* 1117.

IMF (1998) 'Emerging Markets in the New International Financial System: Implications of the Asian Crisis,' *International Capital Markets 1998*, Chapter-III.

IMF (1999a) *IMF-Supported Program in Indonesia, Korea and Thailand: A Preliminary Assessment.*

IMF (1999b) Orderly & Effective Insolvency Procedures: Key Issues, IMF.

Jackson, T. H. (1982) "Bankruptcy, Non-Bankruptcy Entitlements, and the Creditors' Bargain," 91 *Yale Law Journal:* 857.

Jackson, T. H. & Scott, R. E. (1989) "On the Nature of Bankruptcy: An Essay on Bankruptcy Sharing and the Creditor's Bargain," 75 *Va. L. Rev.* 155.

Kanda, H. & Levmore, S. (1994) "Explaining Creditor Priorities," *Virginia Law Review*, vol.80: 2103.

La Porta, R., Lopez-De-Silanes, F., Shleifer, A. & Vishny, R. W. (1996) "Law and Finance," NBER Working Paper 5661 (Subsequently published at 106 *Journal of Political Economy* 1113).

Modigliani, F. & Miller, M. H. (1958) The Cost of Capital, Corporation Finance and the Theory of Investment, 48 *American Economic Review*: 26.

Nakornthab, D. (2007) Bank of Thailand Discussion Paper DP/03/2007.

Pistor, K. & Wellons, P. (1999) *The Role of Law and Legal Institutions in Asian Economic Development 1960–1995*, New York, Oxford University Press.

OECD (1999/2004) *OECD Principles of Corporate Governance*.

Roe, M. (2000) *Corporate Reorganization and Bankruptcy*.

Shleifer, A., Glaeser, E., La Porta, A., Lopez-De-Silanes & Djankov, S. (2003) "The New Comparative Economics," Institute for Economic Research, Harvard University, Institute Research Discussion Paper No.2002.

Trubek, D. M. (2006) "The Rule of Law in Development Assistance: Past, Present, and Future," in *The New Law and Development: A Critical Appraisal*, (Trubek, D. M. & Santos, A. eds. 2006).

UNCITRAL (2004) *UNCITRAL Legislative Guide on Insolvency Law Legislative Guide on Insolvency Law*.

UNCITRAL (2008) *UNCITRAL Legislative Guide on Insolvency Law Legislative Guide on Secured Transactions*.

UNCTAD (2004) "Model Law on Competition," available at www.unctad.org.

Warren, E. (1993) "Bankruptcy Policymaking in an Imperfect World," 92 *Mich. L. Rev.* 336.

World Bank (1998) *East Asia: The Road to Recovery*.

World Bank (1999) "Draft World Bank Principles and Guidelines for Effective Insolvency Systems."

World Bank (2001/2004) *World Bank Principles and Guidelines for Effective Insolvency Systems*.

World Bank/OECD (1999) *A Framework for the Design and Implementation of Competition Law and Policy*.

World Bank (2001) *Initiatives in Legal and Judicial Reform*, World Bank.

World Bank (2003) "Template for Country Assessment of Corporate Governance," available at www.worldbank.org.

第4章 ベトナム民事訴訟と裁判動態
——規範体系の模索——

1. ベトナム民事訴訟の基礎知識

（1） 制度面と動態面の観察のために

本章では、日本の法整備支援が関与を行ってきたベトナム2004年「民事訴訟法典」をめぐって、規範体系の統一的整合的な構築を、書かれた法の制度面のみならず、現実の実施面で追求しようと模索する、ベトナム民事訴訟の動態に目を向けたい。

ベトナムの民事訴訟の制度面は、植民地独立以降も非常時体制のもとで法制化が遅れ、1989年にようやくソ連・ロシア法の枠組みを模した「民事事件解決手続令」が登場したが暫定的内容にとどまった。2001年米越貿易協定を根拠とする外圧により「当事者主義」の導入を促されたため、立法準備を急ぎ、2004年の法典制定につながった。興味深いことにベトナムは米国の立法支援を受け入れるかたわら、日本（JICA）に対しても立法支援を要請し、ベトナム側の提示する草案に日本側専門部会が助言を行う形式での支援が、立法前夜まで頻繁に実施された[1)]。本章の第一の狙いは、こうした社会主義法・米国法・日本法という異なるモデルの相克のなかで誕生した2004年「民事訴訟法典」の制度的特色を、まずは確認する点にある。方法的には、比較民事訴訟法ともいうべく、各モデル間の制度設計・政策判断の相違に着眼し（以下2.）、つづいてこの比較軸をもとにベトナム「民事訴訟法典」の性格を検討する（以下3.）。

さらにベトナム民事訴訟の動態面に目を向け、フォーマルな「民事訴訟法典」の枠組みのもとで現実に生起している紛争解決過程の特色を、法社会学的アプローチで観察したい。そこでは、和解の重視や慣習規範の吸上げなど、ベトナム固有の紛争解決文化がフォーマルな実体法・手続法と対峙しつつ、独自の法発展の前線をなしていると見られる。それを支える動的な制度基盤を観察するために、ミクロの訴訟過程における裁判官・人民参審員・当事者の相互の役割、また下級審裁判官を取りまく上級審や検察・地元行政などのマクロの統制構造にも目配りし、紛争解決現場に働く力学を立体的に観察したいと考える。方法的には、裁判傍聴や裁判官面接調査といった実証的アプローチ（以下4.）、また最近初めて公開された『監督審決定判例集』を通じて上級審と下級審との動的関係を読み解く資料的手法も重視する（以下5.）。

（2） ベトナム民事訴訟制度の経緯

検討に先立ち、ベトナムにおける民事訴訟制度の歴史的経緯を概観しておく。ベトナムの近代民事手続法は阮朝（1802–1945）末期のフランス植民地支配期（1887–1945）にもたらされている。しかしフランス支配は漸進的に拡張されていったため、ベトナムは三地域に分かたれ近代法は別個に導入された[2)]。民事手続法では、直轄地域であるコーチシナ（南部）やハノイ・ハイフォン・ダナン直轄市で1910年「民商事訴訟法典」が適用されたが、アンナン保護国（中部）では阮朝以来の紛争解決制度が継続し、トンキン保護領（北部）でも1921年「民商事訴訟法典」と遅れた。植民地末期には、中部・南部で1943年「民商事訴訟法典」が実施され、これは阮朝最期のバオダイ皇帝を元首とするベトナム国時代にも継続実施され、同じフランス法の枠組みがその後ゴジンジェム政権のベトナム共和国時代（1955–1975）の1972年「民事訴訟法典」へほぼそのまま受け継がれた[3)]。いっぽうこの間に北部では、ベトナム民主共和国（1945–1976）が発足するも、当初の裁判制度は軍事法廷であり、1946年

「憲法」で司法制度が設計されたが戦時体制の変則的な形で実施された（Pham 2003）。1959年「憲法」と1960年「人民裁判所組織法」の登場で、司法部が行政府傘下から立法府直属下に移される社会主義流の改革があり、1976年の南北統一・ベトナム人民共和国成立後もおりおりの「人民裁判所組織法」を主たる手続根拠として民事裁判の実施が続いていく（Pham 2005a）。ドイモイと称される経済体制改革時代に至って、初めて独立した手続法としての1989年「民事紛争解決手続令」が登場し、これが今次の2004年「民事訴訟法典」につながっている（Pham 2005b）。

2004年「民事訴訟法典」成立の直接の契機は、先述のように、2001年締結の「米越貿易協定」であった。そのAnnex-BがWTO加盟実現に向けたコンディショナリティとして一連の法制改革目標（2002～2006年実施）を義務づけたなかで、とくに知的財産権制度の実施強化の一環として民商事手続法強化が求められた。これを受けて米国国際開発庁USAIDによるSTAR事業（Support for Trade Acceleration Project）が展開し、米国ルイジアナ州Tulane大学Edward Sherman教授らによる民事訴訟法起草支援が実施された。その主眼は、①知的財産権実施強化のための緊急保全措置の導入、②検察官の民事公訴権の廃止による「司法の独立」強化、③当事者・弁護士の権利強化、また公開法廷で採用した証拠のみに基づく裁判とする、職権主義から当事者主義への劇的な転換、などとされていた（USAID 2008, p.9）。なおこれら目的はいずれも2004年「民事訴訟法典」成立により成功裏に実現されたとして、USAID自身の高い自己評価がなされている[4)]。

（3） 民事訴訟法典の体系的意味

2004年「民事訴訟法典」の成立はしかし、米国の要求をはるかに超える憲法体系上の重要性を有していたと考えられる。すなわちベトナムは社会主義の方向修正を図る市場経済化政策（ドイモイ）を1986年から実施し、この路線を体現する1992年「憲法」は私有制を許容する前提に立って、国有・集団・私有・外資各セクターが対等に競争する多部門商品経済（15条）を宣言した。これを受けて1995年「民法典」や1997年「商事法」が成っている。しかしながらドイモイは端的な資本主義経済への移行であったわけではなく、あくまで社会主義由来の所有観である「生産手段の公有・消費手段の私有」観念に立って生産関係・消費関係の二元論が維持されていたことは、実体法構造が経済契約関係と民事契約関係とに二分され[5]、手続法構造も異なる紛争処理機関や別個の手続法により実施され続けていた事実からも[6]、明らかであった。つまり多部門商品経済における私有セクターとは、基本的に私的消費生活関係の延長上に限定して捉えられ、「民法典」はその限られた私有セクターの基本法であり、民事訴訟手続の役割もその狭量な私有セクターの紛争処理に限定されていたと理解される（金子 2004）。商工業経済の主流はなおも国家セクター・集団セクターによる牽引が前提されていたことが示唆されよう。

しかしながら、その後のベトナムの経済発展が私有セクターの爆発的な膨張エネルギーによって支えられ、なおかつ米越通商協定や WTO 加盟へむけた交渉過程で社会主義的遺制の転換が促されていったなかで、当初の経済・民事二元的な制度設計は現実問題として修正を余儀なくされていったと見られる。司法の独立性強化の文脈を受けた、「人民裁判所構成法」の折々の改正により、人民裁判所下の経済紛争・民事紛争の管轄一元化が進み[7]、2004 年「民事訴訟法典」はこの管轄一元化の当然の帰結として、経済紛争・民事紛争の統一的訴訟手続として必要とされたのである[8]。またこの手続法面の変化が、最終的に、民事のみならず商事をも統べる名実ともに私法一般法としての 2005 年「民法典」（1 条）の登場への布石ともなったのである。

このように 2004 年「民事訴訟法典」は、ささやかな私的消費生活関係の紛争解決制度であった民事訴訟手続を、国有・集団・私有セクターいずれを問わず高度な商事紛争をも含む民商事一般の紛争解決制度として、その体系的位置づけを大きく広げた意味がある。問題は、かくして統一化された民商事紛争処理制度に、どのような統一的な政策選択が織り込まれているかである。従来の経済紛争解決に沿った配慮であれば、産業政策優位の介入主義的色彩が強いのか。あるいは逆に米国 STAR 事業が期待したごとく、新たに勃興する商事取引の要請に沿った私的自治・当事者主義色が強いのであろうか。あるいは従来からの民事紛争解決の文脈に寄り沿って、生活者利益重視の福祉国家的保護色を帯び続けるのであろうか。このような政策志向の相違は、ベトナム社会が現在経験している激しい経済変化の渦中で、とくに商事利益と民事利益が衝突しあう土地紛争や消費者契約といった領域で、今後の司法判断のありかたを左右していくように思われる。本章では、2004年「民事訴訟法典」の手続設計そのものにどのような政策志向が組み込まれ、またそれらが裁判の動態面において当面どのように展開しているかにとくに関心を向けて観察を行いたい。

民事訴訟手続の設計に含まれる政策志向の問題は、先進諸国でも果敢に研究対象とされている。ましてや急速な社会経済変化に晒され政策運営に迷う開発途上諸国にとっては、不可欠の視座を提供すると思われる。すなわち19世紀的な資本主義が前提とした個別紛争解決の私的自治の理念に発する当事者主義原則は、20世紀以降の文脈でさまざまに修正され、裁判官による後見的・福祉国家的介入を可能にする制度設計とのバランスが模索されてきた。大陸法諸国では、当事者の主張責任を緩和し裁判官による事前準備手続や釈明権行使による要件事実の整理を強化し、証拠提出責任についても職権的支援を強めまた客観的立証責任の再配分を進めるなどの修正傾向が深められてきた。私的自治を強調する英米法諸国でも、米国の連邦民事訴訟規則の運用にみるように、政策形成型訴訟や裁判効率化の趣旨で事実審裁判官による争点整理や陪審統制などの管理者的役割が強化されてきた。このような各国手続法の胚胎する政策志向の分類として、Damaskaの比較民事訴訟法的マトリクス（司法制度の垂直統制軸×福祉国家的関与の強弱軸）は注目される（Damaska 1989)。また各国の司法過程は伝統的な相違を超えて、21世紀的な収斂を見せているとする指摘もある（Zekoll 2006, p.1328)。しかし問題は、そうした先進諸国自身における修正的議論にかかわらず、先進諸国から開発途上国・移行諸国への法整備支援においては、得てして商事的関心が優位し、19世紀的な剥き出しの私的自治原理がグローバル・モデルとして持ち出される傾向であり、受入国の政策選択を歪めるおそれがある。ベトナム「民事訴訟法典」の立法・実施においてそのような政策選択の問題がどのように現われ、処理されているかを見極めるなかで、法整備支援一般への示唆を引き出すことが可能ではないかと考える。

（4） 司法制度の体系的位置

2004年「民事訴訟法典」の運用はベトナムの司法制度、すなわち人民裁判所の手に委ねられている。しかしベトナムの現行1992年憲法体制下で司法の位置づけは独特であり、その性格を確認しおく必要がある。

すなわち社会主義憲法体制のもと国会・地方人民議会を頂点とする民主集中制（憲6条）を奉じるベトナムでは「立法府の優位」を原理とすることから、憲法解釈権・法令審査権は国会常務委員会に属しており（憲91条）、米国流の「三権分立」におけるような裁判所の違憲立法審査権はありえない[9)]。司法の役割は、人民代表の定立した立法をひたすら機械的に実施する点にこそあり、その機能は人民検察院の監督下に敷かれ（憲137条）、法解釈は禁じられているとすら解される。ただしいっぽうで、ソ連ペレストロイカ時代の改革の影響で、裁判所は行政訴訟を担当しており、その意味で行政府からの「司法府の独立」を論じる意味はある。米国・国際開発機関などの外圧勢力はこの「司法府の独立」強化の文脈で、司法人事権・財政権の最高人民裁判所への集約を働きかけ、2002年「人民裁判所組織法」によりこの集約は制度上は実現したが、しかし司法人事・財政面への地方人民委員会・共産党の影響力はいまなお失われていないとする評価が根強い（Quinn 2002, 245-6; Quinn 2003; Nicholson & Nguyen 2005; Nicholson 2007）。

いっぽうで憲法（130条）は、裁判官や人民参審員が法のみに従って紛争解決を行うとして「裁判の独立」を宣言する。統治機構レベルの「司法府の独立」とは別次元で、個々の裁判過程における独立が確保されるならば、下級審レベルでの柔軟な法解釈を通じた法創造・法発展が期待できるとする見方もある[10)]。たしかにベトナム法は現実問題として法の欠缺や矛盾が目立ち、総則的な一般条項や抽象概念も多用されているために、法解釈は不可避だとする認識は法曹のあいだでも根強く、反制定法的解釈こそ禁止されても立法補完的法解釈は不可避とする論調が高まっている（Ngo 2008他）。しかしながら他方、2005年時点で「民法典」「商事法」「会社法」「投資法」他の一連の重要立法が相次いだことを契機として、政府共産党は裁判実務における統一的法適用の確立が焦眉の課題であるとするキャンペーンを展開しており（共産党中央政治局

2005年48号決議・49号決議)、司法過程に対して改めて機械的な法適用を求める立場を鮮明にした。このように司法の役割をめぐって、統一的法適用を促す国家レベルの要請と、柔軟な法解釈を求める社会的期待とが対立しあって存在し、個々の裁判過程に投げかけられていることが理解される。

さらに「裁判の独立」を複雑なものにしているのが、司法府部内の垂直的関係である。先述のように最高人民裁判所に司法人事権が集約されたことは、たとえ「司法府の独立」に正の影響があろうとも、「裁判の独立」面では負の垂直統制をおのずと高めたといえよう。加えて、フランス法に由来し社会主義法でも重視されてきた「監督審制度」の存在がある。これは上級裁判所・人民検察院の責務として下級審の全ての確定判決につき事実認定・法適用・手続面の妥当性を点検し、過誤があれば監督審の審理を請求する強力な裁判監視制度であり、監督審による破棄・差戻しを受ければ裁判官の人事評価に直結する。さらに最近では後述「判例発展」のキャンペーンを通じて監督審決定の先例拘束性の確立が追求されており、垂直統制の方向性はいっそう強化される見込みがある。問題はかくして強化された司法府部内の垂直関係が、上からの法適用統制傾向に進むのか、あるいは下からの法解釈吸上げ方向に進むのか、その力動のゆくえであろう。

このようにベトナムの民事訴訟を担う司法現場は、共産党・人民委員会などの外的圧力、また人事評価・監督審などの垂直的圧力に晒されながら、統一的法適用と柔軟な法解釈との双方の要請に応えるべく、日々困難な取り組みを迫られる構図のもとにある。

2. 当事者主義をめぐるモデル対立

(1) 米国の当事者主義モデル

既述のように米国USAIDによるSTAR事業のもとで、2004年「民事訴訟法典」の起草支援が実施され、その最大の主眼は「職権主義(inquisitorial system)から当事者主義(adversary system)への劇的な転換」に置かれた。

またこのような制度転換は、けっしてアメリカン・モデルの押しつけではなく、WTO加盟に向けた知的財産権保護強化のためのグローバル・モデルの採用であることが喧伝された（USAID 2008, p.9）。

米国法学界における論調に目を向けると、「当事者主義」を米国独自の司法文化の賜物であるとする倫理的な思い入れが従来から語られてきたが（Freedman 1975他）、とくに1980〜1990年代にかけては、「当事者主義」が真実発見にとっての最善の手段であり[11]、また私的自治理念を体現する制度基盤である（Landsman 1981, p.37）、などとするアメリカン・モデル称揚論のことさらな高揚が見いだされる。そのいっぽうで大陸法諸国の民事手続を一概に「職権主義」と決めつける理解が定着し（Merryman 1985, p.111）、これに異論を唱える比較法学者に対しては[12]、徹底した批判の集中砲火が浴びせかけられていた[13]。しだいに比較法学者のあいだでもアメリカン・モデル称揚の時流に遅れまいとする一般的論調が起こり（Reimann 1998他）、比較民事訴訟法学においても西欧志向に軌道修正を迫る論考がつづくなか[14]、客観的な比較法研究を語りにくい学界の空気が醸し出されていたと見受けられる[15]。このような「当事者主義」をめぐる偏重的な論調の背後に、1990年代にかけての新自由主義的な私的自治観の著しい高揚と、これに対抗しようとする社会福祉的・コミュニタリアン的価値観との対立を見いだすことも可能であろう（Sward 1989, p.310-312）。

USAIDの展開する開発途上諸国・移行諸国向けの立法支援の背後で、このようなアメリカン・モデル称揚論が作用していたことは十分考えられよう。しかし具体的に、称揚されようとする「当事者主義」は、また克服の対象とされる「職権主義」は、それぞれどのような意味内容で理解されていたのであろうか。ベトナムSTAR事業の関係文書からは、当事者・弁護士の権利強化、公開法廷が採用した証拠のみに基づく裁判、といった漠たる記述しか見当らない。「当事者主義」のより精緻な枠組みを探って米国法学界の論調に目を向けても、やはり明確な定義づけは見いだせない。一般に「当事者主義」の要素としては「証拠収集・提出の当事者支配」と「公開法廷における判定者の受動性」が言及されており（Landsman 1981, p.1-6）、上記のSTAR事業の概括的な記述とほとんど異ならない。

いっぽうで「職権主義」の要素は具体的に究明されることなく、通常は単に「当事者主義」の反対概念として、したがって「証拠収集・提出における職権探知」と「公開法廷内外における裁判官の積極性」を要素とする制度構造として一概に想定されているに過ぎない（Sward 1989, p.313）。大陸法諸国の民事手続の性格を弁論主義の細部に立ち入って論じようとする比較法学者の努力は、先述のように挙げ足取りといってよい攻撃を受けて潰されてしまうので、大陸型制度はあくまで漠たる「当事者主義」の反対概念としての漠たる「職権主義」イメージで括りとられ、批判の対象とされてしまうのである。

しかしこうした曖昧な「当事者主義」高揚、「職権主義」批判の背後でなお注目されるのは、米国の「当事者主義」が実はそれ自身修正され変質してきたと指摘する一連の研究群である（Resnik 1986; Resnik 2004 他）。たとえば私的自治の範疇を越える現代型の政策形成型訴訟において伝統的な「当事者主義」は当然後退し、とくに法と事実の狭間の「立法事実」とも称される領域で裁判官の裁量は強められている[16]。またアミカス・キュリエの拡張に見られるように伝統的な「当事者」概念の変化が展開している[17]。また通常訴訟においても「当事者主義」の真実発見機能の限界や証拠発見能力の当事者間格差を埋めるべく職権関与は不可避であり、ディスカバリがそもそもこの趣旨で導入されたエクイティ上の修正措置だと指摘されている（Sward 1989, p.327）。また訴訟全般の効率的進行を司る管理者としての裁判官像（managerial judges）に、肯定的理解が向けられ始めて久しい（Resnik 1982）。また日本の近年の制度改革のモデルともなった米国の少額裁判制度は、本人訴訟を前提に事前準備と職権訴訟指揮に彩られたまさに職権主義の前線に他ならない[18]。このような「当事者主義」修正論は、グローバル・モデルとして一方的に推し進められる「当事者主義」モデルのありかたに、米国内部からの内省を迫る可能性をもたらしているであろう。

そのような「当事者主義」モデルの内実を検討することは本書の課題を越えるが、ただし米国でいう「当事者主義」や「職権主義」の概念が大陸法諸国における議論と噛み合っていない局面を指摘しておく必要がある。米国でいう「当事者主義」の要素を、大陸法諸国で論じられる弁論主義(Verhandlungsmaxime)と比べて一見してまず目立つのは、弁論主義の中核とされる要件事実の主張責任に言及せず、証拠提出の当事者支配にだけ関心を向ける点である。この背景に、米国では1938年以来の連邦民事訴訟規則による訴答形式の簡素化により、連邦および多くの州で提訴はいわゆるnotice pleadingでよく、争点整理はプレトライアル段階で事実審裁判官の裁量のもと徐々に補っていく手続的柔軟性が許容されていることが影響していると考えられる。法典主義諸国の事実認定においては、条文に織り込まれた法律要件が先にありきで、これに沿って当事者が主要事実を主張し、裁判官が事実認定を担う役割分担であるだけに、当事者の主張責任の要求度は高い。しかし米国では当事者・弁護士は生の主張が先にありきの請求を行えばよく、事実認定は管理者化する裁判官の争点整理・指示に沿って陪審が行う構造である。不文法・判例主義の米国も今日までに連邦・州の制定法が多様化し、これは体系性を必ずしも意識しない単行法や判例傾向から帰納するcodificationとして進んでいることから、主要証明課題(ultimate probanda)はきわめて複雑化しているはずだが、その難解な部分を裁判官の争点整理が補う裁判構造が強められていると考えられる。一方、当事者責任が強調される証拠提出・立証責任についても、大陸法諸国では裁判官による事実認定において「高度の蓋然性」水準の心証形成が要求され、上訴審の対象ともなるのに対して、米国では陪審が「証拠の十分性」基準で判断すればよく、おのずと当事者責任の要求度が異なる。

このように当事者主義という意味では、法典主義諸国のほうがよほど要求度が厳しい。それだけに当事者主義の職権的修正のありかたについても、要件事実の厳密な主張・立証を当事者任せにはなしがたく職権的支援が求められるという法典主義諸国の文脈と、提訴の敷居が低いがゆえに殺到する裁判の迅速処理のために裁判官が管理者として積極的に機能すべしという米国の文脈とは、噛み合っていない。ともに当事者主義を論じようとも職権主義を論じようとも、同床異夢であり、簡単に「収斂」は語れない[19]。したがって民事手続法分野の法整備支援においては、安易にグローバル・モデルを論じてはならず、支援受入国がどのような民事訴訟像をめざしているのか(少なくとも法典主義的な行き方か不文法的な行き方か)、十分な見定めのうえで、その方向選択に沿った支援を深めていかねばならないと考えられる。

(2) ソ連ロシア型モデルの実像

さて米国による「当事者主義」モデルの強力な推進に関わらず、ベトナム側の「民事訴訟法典」起草過程の対応は鈍く、当初は1989年「民事紛争解決手続令」の枠組みをほとんど踏襲した草案を提示し、米国側の不評を買っていた模様である。2002年以降の草案（第9次〜第12次草案）に至ってようやく「当事者主義」らしい骨格を整えていったという（吉村2005、p.11)。このような対応の鈍さを生んだ背景に、社会主義時代以来のソ連・ロシア法との関係性が伺われるであろう。2002年にはロシア共和国で「民事訴訟法典」が成立しているが、同法典はロシアがまさしくベトナムの状況と同様に、WTO加盟条件として「当事者主義」の採用を外圧で突きつけられた経緯の賜物だった。ベトナムはこのロシアの動向を伺いながら、自らの起草過程を進めていったものと想像される。

ソ連時代の民事訴訟制度は、市場性経済を全面的に否定した1917年社会主義革命当初の急進性が、1921年のレーニン新経済政策によって修正された時代背景のなかで開始しており、当座の必要に迫られ、帝政末期に研究された大陸法諸国の影響のもとで出発している。すなわちロシア共和国でドイツ法・スイス法の影響を受けた1922年「民法典」、追って1923年「民事訴訟法典」が制定されるや、各共和国でも踏襲された。しだいに市場経済の淘汰が進んだ1930年代以降のスターリン体制下では、生産関係・経済契約紛争を国家仲裁法廷（gosarbitrazh）で処理し、いっぽう狭められた私的消費関係の紛争は普通裁判所の民事手続で処理するという、二元的紛争処理制度が確立している。このころ民事法の役割終了を唱える経済法派の主張が登場するも、粛清され、1936年スターリン憲法はむしろ連邦級の民事法の統一的強化を構想した。しかしスターリン死後にいわゆる民法派の改革機運が息を吹き、1950〜1960年代に経済関係・消費関係全体に及ぶ市場性要素の容認根拠としての民事法を構想していく。その改革の成果が、実体法分野では1961年の「民事立法原則」

とこれを受けた各共和国の民法典であり、手続法分野では1961年「民事訴訟基本原則」およびこれを受けた各共和国の民事訴訟法典群であった。1964年「ロシア共和国民事訴訟法典」はその典型例であり、狭義の私的消費生活関係にとどまらず、小規模市場活動もその管轄圏内に想定されていた。

しかし皮肉にも1980年代のペレストロイカの時代には、小規模市場活動を認知・促進する改革の文脈で、経済仲裁の強化がテーマとされていく。ソ連崩壊後には外資促進の文脈で国家仲裁法廷が経済仲裁裁判所（arbitrazhnye sudy）として改組され、1992年「経済仲裁手続法」制定、さらにその1995年改訂へと強化されていった流れのなかで、民事訴訟の管轄領域は相対的に後退していったように見える。しかしこれへの巻き返しを図るかのように、ペレストロイカの諸改革を事後的に取り込み体系再構築を図らんとする民法学派の研究努力があり、1991年「民事立法原則」・「民事訴訟基本原則」の登場を見た[20)]。これら原則の発効を目前にしてソ連は崩壊したが、その精神はロシア共和国へ受け継がれ、1994年以降の新「民法典」が第1部から駆け足で五月雨式に登場し、また1964年「民事訴訟法典」の1995年改正という展開につながった。なおソ連崩壊後には憲法裁判所が新設されるかたわら、行政訴訟については普通裁判所がこれを担うペレストロイカ時代の体制が踏襲された[21)]。

以上のような体制転換前後の複雑な改革経緯を踏まえて、ロシア共和国2002年「民事訴訟法典」は独特の管轄規定を置いている。すなわちその管轄領域は「民事、家族、相続、労働、家屋、土地、環境、その他」と記載され、経済商事事件は全面的に経済仲裁裁判所に属することが明らかであるし、また行政事件は普通裁判所の管轄対象なるも別個の行政訴訟手続のもとで行われる現体制を確認している。このように現状のロシア民事訴訟法の適用領域は狭く、ベトナム2004年「民事訴訟法典」が先述のようにあえて民事・商事を包括する民事管轄権を再定義した態度にとっては、反面教師というべき存在である。

しかしそれでもなおベトナム2004年「民事訴訟法典」は、ソ連・ロシア法の骨格を多分に踏まえている。ロシアではたしかに1995年法改正で米国流の当事者主義導入を迫る外圧に応える修正を行ったが、ロシア2002年「民事訴訟法典」においては、その後の綿密な比較法研究成果を踏まえ、改めて1964年「民事訴訟法」の精神であった裁判官の積極的な役割を肯定的に見直す方向へ路線の再修正を行っている(Maleshin 2008)。したがってベトナムにおいても、ロシア新法が回帰した精神であり、また自らも1989年「民事手続紛争解決令」以前から影響を受けてきた、1960年代のソ連・ロシア法モデルの基本精神の影響を残すと考えるほうが自然であろう。そこで本章ではベトナム現行法の性格をこの伝統的なソ連・ロシア法モデルとの対比で考察してみたいが、それに備える意味で、まず1961年「ソ連民事訴訟基本原則」および1964年「ロシア共和国民事訴訟法典」の基本的特色を回顧しておきたい[22]。

社会主義圏の民事訴訟手続が究極の職権主義であるという大方の先入観にかかわらず[23]、1961年「原則」も1964年「法典」も弁論主義の枠組みを最大限尊重し、そのうえで修正を加えようとする態度が明らかである。まずは当事者の提訴は義務ではなく権利であるという自己決定原則を堅持し(「原則」5条)、また当事者の申立権が原則とされていた(「原則」18条;「法典」30条)。しかし同時に裁判官は釈明義務と当事者への説明義務を尽くさなければならないと強調し(「原則」16条;「法典」14条)、ここで事実の主張、すなわち当事者の語る現実と実体法規の要件事実との照合という困難な初期段階を、当事者と裁判官が協力を尽くして進むべしとする理念が浮かび上がる。また事前手続が重視され、そこでも準備裁判官の釈明義務と当事者への説明義務がことさら強調されているが(「法典」141条)、シュツットガルト方式を先取りするかの周到な公判準備のありかたである。

証拠提出についても当事者責任を原則とし、しかし裁判官が心証を得られない際に追加の証拠を要求し、あるいは職権探知に進みうるとしており(「原則」18条;「法典」50条)、ここでは心証形成に至らない状況では単に客観的立証責任配分に機械的に従って当事者の主張を廃する以前に、裁判官がいま一度、心証形成の最善の努力をなす熱意が求められている。さらに注目されるのは、公判を通じて当事者による弁論権や反対尋問権が保障されていることであり(「法典」30条・166条)、心証形成はけっして裁判官が職権的一方的に行うものとして想定されているのではない。公判の直接・口頭・継続的集中審理主義が貫かれ（「法典」146条）、公判廷の延期や構造変化があれば公判を最初からやり直すとまで徹底していることからしても（同161条）、白熱する当事者の弁論の渦中で真理を見いだしていこうとする弁論主義本来の理念が堅持されていることがわかる。このことは控訴審や監督審のレベルでも貫かれており、すなわちこれら上級審は独自に事実認定を行う自判は禁じられ公判廷に差戻さねばならない（「原則」45条;「法典」331条)。これは1917年以来確立した社会主義法の伝統であるとされ（Gurvich & Puchinsky 1961, p.139)、真理発見は当事者の弁論の場で行うとする理念が当初から存在したことがわかる。

以上のように社会主義ロシア法モデルは、けっして裁判官が事実認定プロセスを支配する意味での職権主義ではなく、むしろ逆に弁論主義の本来的理念を熱心に尊重し、職権的関与はあくまで当事者による主張や立証の水準を高める支援として組み込まれようとしていた傾向が理解される。

ただしこのような弁論主義が貫徹されるべき訴訟の場は、資本主義的な私的紛争とは大きく様相が異なり、社会主義ならではの公益的社会的な紛争処理観に依拠している。当事者（訴訟参加者）概念は狭義の紛争当事者の範疇を越えて、人民検察院・主管行政・労働組合・社会組織・利害関係者を広く含み（「法典」42条)、また判決は対世的効力を有するものとされる（「原則」15条;「法典」208条)。また当事者による上訴制度と並行して、人民検察院や上級裁判所が申し立てる監督審制度の存在も、社会的紛争処理観に裏打ちされていたといえよう。

（3） 日本モデルとは何か

ベトナム側（最高人民裁判所）は、先述のように、2004年「民事訴訟法典」起草過程で日本による支援を要請した。日本ODAによるベトナム向け法整備支援はすでに1996年から森嶌昭夫・名古屋大学名誉教授を中心に開始していたが、当初はベトナム側の示す個別の関心分野で情報提供を行うにとどまり、本格的な専門部会を設置しての立法支援の取り組みはフェーズ2（1999-2003）以降に開始した。「民事訴訟法典」支援では2001年時点の第6次草案の紹介をきっかけに、2002年から草案の逐条的な助言が本格化したという。これはまさにロシアの2002年「民事訴訟法典」成立時期と重なり、ベトナム政府がWTO加盟へ向けた訴訟法改革に腹をくくった時期であったと見られる。日本の支援はベトナム側求めに応じて、2004年5月に最終草案が国会に提出される直前まで、現地セミナーやテレビ会議による頻繁な助言活動を通じて実施された（丸山2005）。

日本側専門部会によってどのような内容の助言が行われていたかは、部会委員らの報告論文で明らかにされている。なかでも吉村徳重教授の報告によれば（吉村2005, p.11-13)、支援開始当初の草案は、既存の訴訟法（1989年民事手続令; 1994経済手続令; 1996労働手続令; 1996行政手続令）に共通する特色であった、証拠提出における当事者責任と職権探知との境界不明、検察の民事公訴権、当事者概念の広さ、判決の対世的効力といった骨格をそのまま受け継ぐ構造であった。これらに対して日本側が強く違和感を表明し、その示唆を受けて第9次～第12次草案で飛躍的な改善が進んだとする。とくに2004年「民事訴訟法典」前文が掲げる「社会主義体制の擁護」と「市場経済化・国際化」との相反する要請の調整に意を砕いたとし、ことに「当事者主義（自己決定の原則や弁論主義)」の進展が日本側支援の成果として指摘されている。具体的には、当事者の自己決定権の内容として単なる提訴・取下げ・和解といった処分権主義にとどまらず、訴訟範囲を自己確定する「申立主義」を明記したこと（5条1項)、また証拠提出について当事者主義原則を強化し職権探知は当事者請求のある場合にだけ可能と制限したこと（85条)、自白法理を明記したこと（80条2項)、などであるとされる。

しかし他方で「当事者」概念（56条1項）が直接の紛争当事者を越えて、関連する権利義務を有するすべての個人・機関・組織を包含し、これら主体が参加していない場合に裁判所が訴訟参加を命令せねばならない点（56条4項）は、当事者の自己決定原則と矛盾し、社会的紛争解決をめざすものであるとして強く疑問が呈されている（ibid. p.52-54)。またこうした訴訟観の帰結ともいうべく、確定判決に対世的効力が付与されているとみられる点が疑問視されている（ibid. p.54-55)。これらの点は先述のようにソ連・ロシア法の伝統を受け継ぐものと見られる。

またいっぽうで主張責任法理、すなわち「当事者は請求の基礎となる具体的事実を主張し裁判所に提出する義務を負う」とする旨の規定が、日本側示唆を直接受けた第9次草案では含まれていたが、最終的立法（58条）では削除された点に、疑問が向けられている（ibid. p.24）。証拠提出責任（79条1・2項）と客観的証明責任分配法則（79条4項）は規定されているので、こうした立証の対象が請求原因たる要件事実であることは当然含み込まれているはずだとしつつも、事実と証拠の区別をことさら曖昧にする立法意図が疑問視されている[24)]。

またいっぽう日本側専門家は、事前準備手続で実施された証拠調べの結果が基本的にそのまま公判で採用される規定（97条）は、公判審理主義の形骸化につながるとして疑念を呈している。しかもベトナムでは準備裁判官が公判裁判長を務める慣行があり、問題を助長しているとする。そこで事前準備手続では物証のみを対象とし、さらに公判で人証中心の集中証拠調べを行う際に物証についても弁論を行うべしとして、あくまで公判の対審構造を重視した改革案が日本側から示されたが、結局採用されなかったという（ibid. p.42）。

他方で、公判廷の弁論環境を保障する趣旨で、公判における公開（15条1項）、対審（197条）、直接・口頭・継続審理（199－203条）といった諸原則の宣言、また当事者の冒頭陳述（217－221条）と最終弁論（232－234条）の双方を明示的に保障する審理構造、また当事者尋問権の保障（222条）などが明記されている。日本側専門家はこれら諸原則が新法の新たな理念として盛り込まれたとしている（ibid. p.43-45）。しかしこれら諸規定は、先述のように弁論主義を尊重するソ連・ロシア法が伝統的に規定してきた文言をほぼ踏襲したものと見受けられる。

以上からするとベトナム側の基本的な起草方針は、ソ連・ロシア法の伝統的な枠を維持しながら、そのベースのうえに当面の米国の要求・WTO加盟条件を満たす改革を追加する点に意図があったと推測される。日本側専門家の助言については、いわば摘み食い的に、都合の良い点を容れていったことが伺われる。たとえば日本側が真摯に説く主張責任テーゼなどの私的自治観に立った弁論主義の本旨は、あっさりと切り捨てられているが、いっぽうで米国STAR

事業のコンディショナリティである「当事者による証拠提出」に直接関わる箇所では従順な対応を示している。またSTAR事業の意図に沿って職権探知主義の後退をアピールしながらも、その背後では日本側助言を積極的に受け入れて、証人不出頭や証拠提出命令違背に警告・罰金を課するなどの実質的強化が図られている（井関2005, p.72-73）。また米越貿易協定が強調した緊急保全処分についても、日本側の技術的助言はきわめて歓迎された模様である（ibid. p.84-90）。しかしベトナム側のこのような是々非々の起草方針は場当たり的な態度に感じられる。案の定というべく、2004年「民事訴訟法典」は成立直後から抜本改正へ向けた準備が開始され、日本側も引き続き関与を続けていくこととなった[25]。

このような日本の立法支援経緯は、それ単体は華々しい成功と手放しで称賛できないかもしれないが、しかし少なくとも重要なインパクトを生み出している。その一つは、後述するように、「民事訴訟法典」実施を担う司法実務現場への重層的な司法支援を深める契機となった点である。他の一つは、日本自身の民事訴訟法のありかたを映し出す鏡ともいうべき、内省機会をもたらした点である[26]。後者の点ではより多くの専門家による検討が期待されるが、本書ではささやかながら以下の指摘を行いたい。

ベトナムという鏡に映った日本像の特色は何よりも、ベトナムが米国に突きつけられた「当事者主義」導入なる命題を、処分権主義や弁論主義といった大陸法の法理に自然に読み替えて違和感を覚えることのない日本法自身のありかたに見いだされるように思われる。先述のように、米国で論じられる「当事者主義」と大陸法諸国の「弁論主義」の間には、政策理念としてのみならず、訴訟構造の違いに由来する質的な相違がある。米国で認識されることの少ないこの相違を、比較法の知見に富んだ日本の論客は知り尽くしている。にもかかわらず、米国の「当事者主義」の要求をあまりにも自然に大陸法の文脈に読み替えるその制度間通訳者的立ち位置は、自らこの格差を埋める制度史を歩んできた日本ならではの特異性と思われる。大陸法流の民事訴訟を実践してきた伝統のうえに、戦後1948年改正で米国の影響を受け入れ、その咀嚼のすえ1996年にようやく新民事訴訟法制定を実現した日本の自己像は、WTO加盟条件と称して資本主義理念への転換を迫られる現在のベトナムの姿に重なる（三日月2005）。

日本自身の制度史を振り返れば[27]、19世紀型の資本主義優位で出発した1890年民事訴訟法典を、20世紀的福祉国家観のもとに1926年改正で修正し、職権訴訟進行主義を容れ、また本人訴訟中心の現実を反映すべく弁論主義を補う職権探知主義（改正261条）を定め、釈明義務も強化して運用されていた。しかし戦後米国の「当事者主義」の洗礼を受け、1948年改正が職権探知規定を削除し、また証拠資料について当事者交互尋問の優先を規定し（旧294条）、釈明権も一時は機能停止に陥り、受動的な「顔のない裁判官」像をも生み出した。法典主義のもとで主張・立証の要求水準が本来厳しい日本の訴訟構造において、行き過ぎた「当事者主義」の束縛は、相対的に主張・立証水準の低い米国におけるより以上に当事者の不利益を来たしてしまう点で、モデルのミスマッチであった。この受動性の束縛のもとで、争点究明を進めるために避けがたく五月雨式審理の弊害をも生じ、またシュツットガルト式事前準備制度の導入などを論じながらも躊躇し、熱意ある裁判官が「弁論兼和解」なる隠れ蓑を借りて釈明を深める、息詰まる状況を長引かせてきたように思われる。また裁判過程のこの「顔のない」息苦しさが、一転して和解過程では「和解技術論」における熱血裁判官に転じるという（草野1995）、日本独特の裁判官の2つの顔を作り出してきたようにも思われる。1996年新法は日本の裁判を機械的な「当事者主義」の呪縛から解き放ち、当事者主体の弁論を活性化するためにこそ果たされるべき裁判官の積極的役割は再評価された。日本の裁判現場はようやく「当事者主義」のありかたを自らの手で模索する自由を回復したと考えられる。

このような外圧の洗礼に長く呪縛された自らの経験が、ベトナムの法制改革に寄り添う支援のなかで否応なくフラッシュバックされてくるであろう。その支援過程で、自らは容易には成しえなかった現地主体の自由な制度の模索を支援できるならば、日本自身の負の経験が正に転化され、遡って癒されるものがあるのかもしれない。

3. ベトナム民事訴訟法典の性格

（1） 事実概念の不在

前節までに一部先取りした面があるが、改めてベトナム2004年「民事訴訟法典」の特色を、条文の流れに沿って概観する。まずは総則第二章（3-24条）に22か条に及ぶ基本原則が列挙されているが、「当事者主義」の関連では、日本支援専門家らが指摘したように、主張責任テーゼが欠落している点が目立つ。請求範囲については申立主義を宣言し（5条）、申立て後30～45日以内の裁判所の請求修正命令に応じない場合は棄却根拠とはなるものの（169条）、曲りなりに自己決定原則が前提されている。また証拠提出・立証の当事者主義（6条）を強調する。しかしながら申立てた請求の根拠をなす要件事実についての主張責任には、まったく言及がない。訴状の必要記載事項にも請求と証人・証拠を挙げるが、請求原因事実については要求していない（164条）。ただしその反面、「証拠提出責任があるのに尽くさなかった当事者は証明不能の結果について責任を負う」とする客観的立証責任については規定がある（79条4項；84条1項）。これらの規定ぶりを考え合わせると、ベトナム法の意図として、生の要求としての請求は当事者が行うが、その請求根拠をなす要件事実の特定は裁判所側による法的枠組みの教示の問題であり、この裁判所の示した法的枠組みに沿って当事者が請求修正義務と証拠収集・提出責任を負い、これら証拠方法から裁判所が証拠資料を抽出し事実認定を行うが、裁判所が心証形成に達しない場合には客観的立証責任配分に従って当事者のいずれかに不利な結論がもたらされるという、一連の役割分担の流れが見いだされるように思われる。

このような役割分担は、先述したソ連・ロシア法の伝統を思い起こさせる。ソ連・ロシア法がめざしたものは弁論主義活性化に向けた裁判官の後見的役割の強化であって、けっして職権主義的な審理統制ではないことを前提すれば、主張責任テーゼを弁論主義の中核とみなす日本的な常識が通用しない面がある。ただ日本法のもとでも本人訴訟を中心とする現実ゆえに、主張責任テーゼを徹底することは当事者にとって酷とみて、裁判官は弁論の争点整理を助ける釈明義務を求められてきたわけであるから、ソ連・ロシア法が人民の便宜に立ってこうした裁判官の釈明義務をさらに徹底する態度も理解可能である。この理解に立つかぎり、ベトナム法がこれを踏襲しようというのであれば、それもまた一つの「当事者主義」のありかたと考えられる。

しかし疑問であるのは、ベトナム法が日本側支援の示唆した主張責任テーゼを置かなかったのみならず、他方でソ連・ロシア法が重視してきた、裁判官による当事者への釈明義務・説明義務の一般規定（1964年ロシア「民事訴訟法典」14条参照）、当事者が要件事実について理解する権利（同30条）、また事前準備手続における釈明・説明義務の徹底（同141条）といった裁判官の役割規定を一切置かない点である。あえていえばベトナム法は当事者の平等を確保する裁判所の一般的責任（8条後段）や追加証拠の要求（85条1項）を規定する程度である。この態度をどう理解すればよいのか。

一つの仮説は、米国のコンディショナリティにおける「当事者主義」の要求が先述のように証拠提出責任と裁判官の受動性に特化していたので、主張責任なる余計なテーゼを原則化する必要が感じられず、さらにその原則に対する例外としての釈明義務などの裁判官の能動性をことさら規定して藪蛇となることも、ベトナム側としては避けたかったという想像が成り立つ。しかしこれではあまりに米国追随的で自国の法整備について投げやりな説明である。第二の仮説は、基本法典を含めて実体法整備が遅れてきたベトナムでは、法律条文に沿った要件事実の分析やそれを受けた精緻な事実認定が従来から司法現場で行われてきておらず、しかしながら先述したロシア2002年民事訴訟法典の伝統回帰からも、また日本支援専門家の力説からしても、要件事実の把握（職権的にせよ当事者主義にせよ）に沿った事実認定の客観化の必要性が深く認識されるに至ったため、あえて自らの裁判実務に欠落するこの重大問題の明文化を当面は避けたのではないかという想像が成り立つ。

この第二の仮説の傍証として、2004年「民事訴訟法典」成立と前後して共産党中央政治局2005年決議49号「2020年までの司法改革戦略について」が、実体法整備の遅れを司法業務の限界の一要因として明記し（前文）、「民事訴訟手続を引続き整備する。…当事者が主体的に証明する根拠を収集し合法的権利・利益を保護できる条件を整えるために国家側からの支援形態について研究する」(2.2.1)、「法理…に関する人民の知識レベルの向上をたゆまず行う」(2.2.5) などとしており、当事者主義の実質化のために単なる自由放任では済まされず、法的基準の明確化や裁判所関与のありかたの研究を続けねばならないとする姿勢が現われている。また2004年「民事訴訟法典」成立直後から、2010年に予定される同法典改正へ向けた準備が開始された点も注目される。このように法典主義のもとでは、要件事実の分析強化なくして「当事者主義」の実質化が容易ではないという認識を強めたがゆえに、そして当面は裁判官の努力で実体法の未整備を埋め要件事実の整理に努めていくしかないという現実的判断を強めたがゆえに、この肝要な主張責任の箇所をあえて法文からはずしたベトナム立法者の苦衷が想像されるのである。

（2） 糾問主義による事実認定

つぎに目立つのが証拠提出・証明責任をめぐる不鮮明さである。たしかに米国のコンディショナリティを受けて、証拠提出の当事者責任が原則化され (6条; 84条1項)、裁判官は心証形成に達しない場合に追加証拠提出を求めることができるのみで (85条1項)、職権探知は当事者の要求ある場合にのみ限定された (85条2項)。しかし他方で職権探知を強化するかのように読める不可解な局面もいくつかある。まず不要証事実として公知の事実や自白以外に、確定判決や国家所轄機関の決定による認定事実、また公証文書の記載事項、などが幅広く挙げられ (80条)、これらは当事者による証拠提出や証拠調べを待たずして裁判所が行政文書等を当然に利用できる職権探知を認めたも同然であろう。また証人尋問について、当事者の請求ある場合に加えて職権による実施が可能であると読める (87条)。また個人・機関・組織は当事者や職権による証拠提出要求に応じる義務が明記され (7条)、証人不出頭 (386条) や証拠提出命令違反 (389条) は裁量的な罰則や刑事訴追の対象となる。全体としてはむしろ、職権探知を実質化しようとする強い意図が読み取られる。

そもそも職権探知の重視は訴訟構造のなかに深く組み込まれているように見受けられる。まずは第一審の公判準備手続の性格であり、先述のようにソ連・ロシア法の伝統ではあくまで公判における弁論活性化の準備として釈明・説明義務を尽くす争点整理がめざされるが（ロシア1964年「民事訴訟法典」141条）、ベトナム法の該当規定では公判に備える趣旨がまったく触れられず、単に準備手続の期限（原則4ヶ月・延長2ヶ月など）を定め（179条）、かつ和解前置主義についての規定群が設けられているばかりである（180－188条）。なおこの和解手続中では当事者が和解の標準となしうるように法令について裁判官の説明義務が規定されているが（185条）、これはあくまで和解促進のための規定であって、公判準備のための釈明義務とは読めない。このほかには公判準備手続の過程で何が行われているかはまったくブラックボックスの中である。おそらくは糾問主義的な自白聴取を中心に争点把握を進めつつ、主管諸機関に関連情報を求めるという職権探知が従来から行われてきたとみられ（レ 2006, p.28）、そのような実務慣行を2004年「民事訴訟法典」が基本的に追認したものと考えられる。

いっぽうで公判については、ソ連・ロシア法の伝統をそのまま踏襲する直接・口頭・継続主義（197条）が明記されているが、しかしここにいう公判の性格はソ連・ロシア法の伝統が想定していたものと理念的に大きく異なるようにうかがわれる。すなわちソ連・ロシア法では上記にみたように、社会的紛争解決を思わせる幅広い訴訟参加者を公判廷に動員し（ロシア1964年「民事訴訟法典」29条）、彼ら当事者主体による白熱した議論を集中一回性の公判で徹底的に戦わせ（同146条）、その弁論の渦中で裁判官が自由心証主義による心証形成を行う（同56条）、という役割分担が読み取られる。いっぽうベトナム法では、当事者概念を広げ必要的共同参加を促し（56条）、また弁護人のみならず一般市民の援護者としての参加を求めるなど（63条）、広く社会的紛争解決を想定する点はソ連・ロシア法と同様に見えるものの、しかし公判における白熱した弁論の渦中で裁判官が心証形成を行うとする肝心の自由心証主義については、何らの規定を置いていない。この欠落は意識的なものと考えられる。

また公判における弁論の流れをより細かくみると、ソ連・ロシア法の伝統では当事者の冒頭陳述（ロシア1964年「民事訴訟法典」166条）→証拠調べの計画決定（同167条）→証拠調べ（同168条以下）→当事者の最終弁論（同185条）と手続は流れていく。ここで当事者の冒頭・最終弁論機会が保障されているばかりか、証人尋問でも当事者主体の質問が原則とされ裁判官は任意に質問を挟むに過ぎず（同170条）、また公開の対質手続も明示されているなど（同171条）、洗練された弁論環境の保障がある。これに対してベトナム法では当事者の冒頭陳述（221条）のあと、裁判長→人民参審員→弁護人→当事者・参加者→検察官とする尋問順序を定める（222条）。また当事者の請求がない場合にも裁判官は対質を実施できる（88条）。こうした一連の手続を眺め渡すと、一概に同じく「直接・口頭・継続主義よる公判」と称される場における裁判官の心証形成手段は、ソ連・ロシア法においては幅広い参加者の集中的弁論に耳を傾けるなかから得られようとする自由心証主義であったのに対して、ベトナム法においては関係者全てを集中的に証人喚問して行う糾問的な対質の実施を意味するに他ならないという見方が成り立つ。

（3）　証明の困難を避ける和解促進

しかしかような集中的な職権糾問主義を通じても真実の究明は難しい。民事訴訟では原告・被告いずれかの民間当事者が必ず敗訴するから、裁判官がよほど証明性の高い事実認定を行い判決書で十分説得的に記述しないかぎり、敗訴当事者が納得できずに行う控訴は防げない。ベトナムにおいて控訴率は俗に100%という。控訴率は裁判官の人事考課に直結するだけに、裁判官は控訴を避けたい強いインセンティブを有するはずである。その手段としては、事実認定の質を高めるか、和解を実現するかの、二つに一つであろう。しかし事実認定の質的向上のためには、実体法整備を受けて要件事実の解析を強化し、個々の裁判官がそれを踏まえた論理法則・経験則の精緻な適用能力・説明能力を高めていく専門的な努力を不可欠としよう。これは一朝一夕にはできないことであるので、控訴率低減のためには、裁判官はおのずと和解勧試を強めることが想像される。

2004年「民事訴訟法典」は独自にこのような司法現場の現実を踏まえているとみられ、和解の促進にことさら力点を置いている。まずは総則第一章の一般原則において和解促進を強調しているが（10条）、これはソ連・ロシア法が伝統的に総則規定に連ねてきた一般原則のなかには見当たらないものである。また先述のように、第一審の公判準備手続について唯一詳述されているのが和解前置主義であり（180－188条）、この手続中では日本でいう弁論兼和解にみるように和解という名の争点整理がめざされているとみえなくもないが、しかし裁判官が和解の標準となる釈明・説明を行うべく規定されていることからみても（185条）、この争点整理は公判準備以上に和解そのものを実現することに仕向けられていると考えられる。このような公判前の和解前置主義は、ソ連・ロシア法と異なる独自性といえる。すなわちソ連・ロシア法の伝統では公判開始当初に和解勧試が規定されているだけであり（第一審につきロシア1964年「民事訴訟法典」165条；控訴審につき同293条）、また当事者の権利利益を害する示談には承認決定を与えないと明記するなど（同34条）、和解についてむしろ警戒感すら示している。

しかしベトナム法の不可解な点は、このように第一審の公判準備手続のなかだけで和解を詳述するかたわら、その他の局面の和解の取扱いは、ソ連・ロシア法の規定ぶりに倣って淡々と公判開始時点の和解勧試（220条；270条）にしか言及しない点である。結果として和解禁止事項や和解調書・和解承認決定などの重要規定が第一審公判準備手続のなかだけで細々と記述され、他の局面での和解についての準用当否すらも定かでない。当事者の権利義務の一般規定には「事件の解決について互いに合意すること；裁判所が行う和解に参加すること」（58条e項）とあるので、当事者間の裁判内外の和解・示談は自己決定原則に従い紛争のどの局面でも可能であると思われるが、しかし条文上では、裁判所が和解専用の期日を指定して行う本格的な裁判上の和解は、第一審公判準備手続のなかでのみ可能と明記されている。

このような煮え切らない和解に関する規定ぶりは、ベトナム立法者の迷いを反映しているのであろう。注目されるのは、日本の支援専門家がもたらした日本における活発な和解制度（民事調停・即決和解・裁判上の和解等）にベトナム側当事者は並々ならぬ関心を示し、人民参審員主体の裁判上の和解を制度化しようと図る草案も研究されたが、結局最終案には盛り込まれなかったという事実である（井関2005、p.69-71）。当面は和解警戒的なソ連・ロシア法流の枠組みのなかで許される範囲内での制度化として、第一審公判準備手続における争点整理という差しさわりのない形でのみ、裁判上の和解が規定されたという経緯が推測される。しかしこのようなミニマムな規定ぶりは、けっして和解がベトナム司法現場においてミニマムな位置づけにあることを意味してはいない。ベトナム立法者の迷いはむしろ、和解というあまりにも自国の司法文化に深く根ざしてきた紛争解決手段をフォーマルな手続法典に正面から取り込むことについて、前近代的手段への後退ではないかとみる躊躇と、その手段をこだわりなく活用しているかにみえる日本の制度文化の魅力との間で逡巡した点にあったのではないか。とりあえずはミニマムに規定し、司法現場の運用に委ねていこうとする当座の判断であったと想像される。

日本の和解文化については周知のように、裁判における対峙を回避する前近代的な法文化の表われだとする川島法学の見方があるいっぽうで、裁判の高度な証明水準や煩瑣手続を避けながらも裁判規範を標準として行う合理的な「判決先取り型」紛争解決だと評価する立場（Haley 1978; ラムザイヤー 1990）、あるいは実体法規範の硬直性をラディカルに書き換えていく「判決乗り越え型」紛争解決でもあるとする見方など（草野 1995, p.10-14）、多様な見解が分かれており、ベトナムの躊躇も理解できる。一つ指摘できるとすれば、日本では裁判が質の高い事実認定・法適用を常時追求するかたわらで、同時に、裁判上の和解や民事調停制度が国民に広く受け入れられ利用されてきたという、両輪の存在である。この意味で和解は裁判回避手段としてではなく、裁判の質的向上との連携関係のもとで促進されるべき制度として、ベトナムにとっての研究価値を含んでいそうである。

（4） 判決審査基準 ―統一的法適用 v. 法解釈―

ベトナム2004年「民事訴訟法典」総則が連ねる一般原則群は先述のようにソ連・ロシア法の伝統的スタイルを踏襲するものだが、そこで気づかされる不可解な一点は、ソ連・ロシア法で詳述されていた法適用規準についての規定が、これに限っては、あっさり削除されている点である。ロシア1964年「民事訴訟法典」（10条）では「裁判所はソ連・共和国・自治共和国の法律、ソ連・

共和国・自治共和国のソビエト最高会議幹部会令、ソ連・共和国・自治共和国の行政令に従って判決せねばならない。またその他国家機関・行政による主管範囲内の規則をも適用するものとする。また法律に従い外国法を適用する」としつつ、「係争に関する条文が不在の場合は関連する条文の類推適用を行う。そのような条文が不在のときは一般原則とソビエト合法性の精神を適用する」として、成文法の欠缺に際する法解釈の余地を認めている。このような法適用規準を明示する規定はベトナム法にはない。

いっぽうでベトナム2004年「民事訴訟法典」総則は、厳正で統一的な法適用のために上級裁判所による下級審の監督（18条）、および人民検察院による民事訴訟の法遵守の検察・異議申立て（21条）を規定する。これらはソ連・ロシア法の伝統（ロシア1964年「民事訴訟法典」11条・12条）を踏襲した規定である。しかしこのように統一的法適用を監督・検察するといいながら、その監督・検察異議の判断基準を明示する規定（上記ロシア同10条）については、ベトナムはなぜあえて排除したのだろうか。

一つの仮説は、成文法の統一適用を厳密に追求すべく、ロシア法が明示的に許容してきた法解釈の余地を、あえて否定する趣旨ではないかという想像である。ベトナム1992年（2001年改正）「憲法」（134条）は最高人民裁判所による下級審の監督義務を規定し、これを受けた2002年「人民裁判所構成法」（22条1項b）は最高人民裁判所裁判官評議会による統一的法適用の監督審査を強調している。また2005年共産党中央政治局決定48号「2010年までのベトナム法律制度の構築整備戦略および2020年までの方針について」では「法律制度の一貫性がなく統一性に欠け、実施可能性が低く、生活レベルへの浸透が遅れている」（前文）として、「ベトナム社会主義法治国家」の構築を目標とする（I-1）。このような法適用の統一性を強調する見地からすれば、制定法整備が焦眉の課題でこそあれ、下級審現場が法の欠缺を埋める法解釈を展開することは統一的法適用への逆行であり許すべからずとする風潮が、少なくとも指導層レベルでは強いのであろう。しかしながら外圧に押されて粗製乱造を重ねてきた成文法領域は現実問題として矛盾や欠缺が目立っており、法解釈で補う必要性は否定できない（Ngo 2008）。そこで賛否両論の論議を呼びかねない法適用基準の規定は当面、2002 年「民事訴訟法典」から穏便に削除された経緯が想像される。

いっぽうで 2004 年「民事訴訟法典」は監督審・検察異議の審査対象となるべき判決書の記載事項についても、曖昧化する道を選んだと見受けられる。すなわちソ連・ロシア法の伝統では判決書記載事項は導入部・記述部・理由部・主文から成り、このうち記述部では当事者の請求・抗弁を明示し、理由部においては裁判所の事実認定とその証拠、証拠不採用の理由、および適用した法条文を明示することとされているのに対して（ロシア 1964 年「民事訴訟法典」197 条）、ベトナム 2004 年「民事訴訟法典」の該当条項（238 条 4 項; 279 条 4 項）ではロシア法の記述部と理由部に当たる部分の記載事項を意図的にまとめ、「原告の請求、被告の抗弁、…裁判所の認定、および解決根拠として使用した法律条項を示さなければならない」と規定してしまっている。ここで裁判所の認定とは何を意味するのかも、またその理由を詳述すべきか否かも、あえて曖昧に伏されているのである。同法起草の背後では日本からの判決書マニュアル支援も動いていただけに（井関 2005, p.74）、判決書において事実認定や法適用の理由説明がいかに重要であるかをベトナム側起草関係者が理解していなかったことはありえない。したがってこの判決書記載事項の曖昧化は、意識的になされているとしか考えようがない。

さらに興味深いのは監督審制度と検察異議制度との役割の違いである。まずは監督審制度の審査事項（283 条; 299 条）は、「証明証拠不十分・証拠収集の不適正」、「判旨の客観的事実関係との矛盾」[28]、「重大な手続違反」、および「重大な法適用の過誤」を審査するものとされ、ここで証拠判断は全面的に審査されるが、手続法・実体法適用はいずれも重大な誤りのみを審査する趣旨であり、ソ連・ロシア法の伝統（たとえば 1964 年「民事訴訟法典」330 条）をほぼ踏襲している。これに対して検察異議制度は控訴審の枠内で行われるため（250 条）、その審査事項は控訴審の審理事項である「法適用違反」（276 条）、「証明証拠不十分・証拠収集の不適正」（277 条 1 号）、「重大な手続違反」（277 条 2 号）とされている。つまり検察異議制度は監督審制度との対比では、法適用の過誤につき、重大なものにとどまらず全面的に審査する権限が与えられている点に違いがあることがわかる。検察院は判決言渡しから15～30日という控訴期間内に一気呵成にこの全面審査を実施する重責を担っているのである。しかもここで留意されるのは、この控訴審における法適用の審理基準について、ソ連・ロシア法では「適用すべき法規を適用しなかったとき；適用すべきでない法規を適用したとき；法解釈を誤ったとき」（ロシア1964年「民事訴訟法典」307条）とする明示が図られていたのに対して、ベトナム法はこうした明記をいっさい避けている点である。ここで再び、法解釈の認否をめぐる論議が避けられようとする傾向が伺われるといえよう。

以上を総括すれば、裁判における統一的法適用の呼び声に応えて、ベトナム2004年「民事訴訟法典」は裁判の適正確保の手段としてソ連・ロシア法の伝統を受け継ぐ監督審制度や検察異議制度を中心に据えたけれども、しかしソ連・ロシア法の伝統に比べて審査基準は不明確に伏され、また審査対象も曖昧化されていることが明らかである。これでは制度運用を担う現場はよほど当惑しているに違いあるまい。この当惑を買ってまで曖昧化が行われた背景に、実体法の一律的貫徹により「社会主義法治国家」を達成せんとする上層部の意思と、実体法の齟齬や欠缺を埋める法解釈が不可避であることを知る司法現場との確執の強さのほどが見える思いがする。「社会主義法治国家」を称揚する上層部の背後には、rule of lawの貫徹を要求する外圧勢力が控えていることを思えば、「民事訴訟法典」はまさに法整備をめぐる、欧米外圧、政府の実体法整備、現実社会の司法適用とのあいだの、三つ巴の力学を反映した縮図であるといえよう。

4. 民事訴訟のミクロの動態 ―裁判傍聴・裁判官面接―

前節でみたベトナム2004年「民事訴訟法典」に関する仮説的考察を踏まえつつ、本節では現実の裁判動態を観察することを目的として、筆者が2009年12月の現地調査において試みた、ハノイ特別市級裁判所、バクニン省級裁判所、およびフンイェン省級裁判所における民事公判傍聴と裁判官面接調査の結果につき検討を行う[29)]。このうち民事公判は複数の傍聴機会を得たが、専門の通訳を介して一部始終をつぶさに傍聴できたのはハノイ特別市級裁判所の民事第一審公判と、フンイェン省級裁判所における民事控訴審公判の、計2件である。また裁判官面接調査の当初の意図は、質問項目を特定した半構造的面接であったが、各裁判所幹部の意向があって質問票の配布・回収を狙いどおりに実施できず、結局質問票への回答が得られたのはバクニン省で1名、フンイェン省で1名にとどまった。そのため同じ調査期間中に別途実施した合計7名の裁判官に対する非構造的面接で補わざるを得なかった[30)]。また筆者と同様にベトナム裁判官への質問票や面接を試みた先行調査を参照し（UNDP 2007; Gillespie 2007 他）、筆者の観察結果と照合しながら適宜言及する。

（1）弁論なき和解的裁判

筆者が傍聴したハノイ特別市級裁判所の民事第一審公判は、ハノイ近郊の係争土地をめぐって、1940年代に遡る相続に関わる5人の兄弟姉妹間の相続紛争に、76名に及ぶ第三取得者の利害が絡む複雑な事件であった。法廷は裁判長1名（女性）と人民参審員2名（男女1名ずつ）の3名で構成された。本人訴訟であり、また検察官の出席はなかった。参加者は原告側の老婆2名、利害関係者の代理権を集約した老爺2名で、被告・弁護人側は理由なき2度目の欠席であったため、裁判長は人民参審員としばし協議の上、民事訴訟法典203条に従い欠席裁判を開廷した。裁判長は冒頭で「当事者の権利義務を説明します」として、裁判手続の流れを紹介し、また裁判官への忌避事由はないか手早く確認した。つぎに「審理手続に入ります」として、まずは提訴取下げや修正などの意向が問われたが、原告も利害関係人も「意向は変えません」とした。裁判長はつぎに「和解は試みましたか」と問い、原告は「試みましたが不成功でした。法律に沿って解決してください」と強く要求した。裁判長はつぎに「請求と証拠を述べてください」と促し、原告は「父の遺言を無視して長兄が土地を処分し、残る兄弟姉妹の権利は侵害された。処分されずに残った土地はわずか200m^2であり原告4名で配分しても50m^2にしかならない。請求について証拠は3つある」なる趣旨を短く述べた。このあと裁判長が「父の死はいつか」「母の相続分は」「相続人6人のうち1名が死亡したのはいつか」云々の矢継ぎ早の尋問のすえに、「以上で事実確認を終わります」とした。つづいて、「つぎに財産について説明してください」として再び矢継ぎばやの糾問を開始し、係争土地の大部分が長兄によって売却処分されまた一部分には自ら家屋を建設して所有権登記を経たなどの経緯、また父の遺言状は長兄による占有使用の包括的承継を認めたが処分権を認めていなかった内容確認、また当時原告らが抗弁し利害関係者との和解を試みたが意に沿わない結果となったなどの事実関係を整理していった。ただし注目されるべきは、この事実確認の間に裁判長が、原告の請求範囲についての確認を執拗に繰り返していたことである。すなわち「原告の請求は長兄によって不当に処分された土地全部の回復ではなく、処分されずに長兄の手元に残った残存土地の分割ですね」、また「残存土地を原告4人でどのように分けたいのか」の点を裁判長は繰り返し問いかけ、これに対して原告は終始あいまいな回答にとどまり、むしろ長兄の不当処分への怒りや子孫のためを思う真情を再三強調した。ついで裁判長は、被告側欠席のため被告の答弁書を読み上げた。つぎに利害関係人の一人が陳述し、長兄から購入した土地が転々売買されいまや多くの住民が60年余り居住してきた現状を配慮してほしい、とした。もう一人の利害関係人は「合法的処理をお願いします」の一言のみであり、これに対して裁判官は「あなた方の土地権利については主管行政の合法的文書の存在を確認済みで、土地法の規定に従い本件は当裁判所の管轄です」として司法的処理（人民委員会による調停ではなく）を約束した。さらに原告が他の兄弟姉妹から送付された委任状を確認してのち、裁判長は「では証言をまとめます」と改まり、「係争土地上の現在の居住者たちの現状維持の要求は合法です。原告はその居住部分（1,100m^2）の回復を求める要求を取り下げ、長兄の手元に残った残存土地（200m^2）の分割を請求することで申し渡します。原告はなにか意見はありますか」と問うた。原告はこれに対して直答せず、長兄が父の遺言を無視し一族代々の承継財産を破壊した云々の怒りを再び繰り返した。裁判長は「ではなぜ不当な土地処分時点で徹底的に争わなかったのか」と詰問を返し、原告は「長兄が言い張ったので仕方がなかった。いまは子孫のために決意して争っている」と応酬し、不満を残す様子であった。ここで人民参審員（男性）がおもむろに口を挟み、「土地が回復されたら兄弟姉妹の間でどうやって分割するつもりか」と視点を変えると、原告は「父が居住していた部分に長兄一家が住んでいるので、それ以外の土地を残りの兄弟姉妹で分割したい」と答えた。人民参審員がさらに畳み掛けて「父から長兄への相続がベトナム社会の伝統であるが争いも起こりやすい点だ」などと伝統的美徳を説くと、原告はこれに対して感情を露わにして、「伝統を尊重するからこそ私は争っている。長兄は先祖の財産を売却してしまった。先祖の祭祀用の家までも破壊してしまった」と慨嘆した。人民参審員はこの心情吐露を受け止めながらも、「先祖を思うのであれば先祖の家が破壊されたときに徹底して争えばよかったのだ」と説諭し、原告はその言葉に説き伏せられたように、「そのとき解決したかったのに力不足でできませんでした。ですから今は残りの土地の分割だけを要求します」と神妙に応じた。人民参審員はつづけて「親族関係がこれ以上悪くならないように分割できたらよいね」と語り、判決言渡しの伏線を敷くようであった。裁判長は透かさず「これで審理を終えますが、原告・利害関係者はとくに追加発言はありませんか」と引きとり、いずれも発言はないとみると、裁判長はつづいて「交互尋問を行います。相互に意見や質問はありませんか」と問い、ここで利害関係人から「原告家族の問題に意見を挟む立場にはありません。ただ原告先祖の家は所詮は古くて取壊しが必要な状況だったとはいえ、原告らとよく話し合わず取壊してしまったのは私たち住民が申し訳ないことをしたと思っています」と謝罪の意を表した。裁判長はここで「裁判官の協議に移ります」として休廷を告げた。15分ほどの休廷の後、判決が言い渡され、「原告の請求を認め、未処分土地のうち50m^2を長兄一族に、残り147m^2を原告4名に分割する」とする結論であった。

この公判はハノイ特別市級裁判所長の選択で傍聴を認められた事件であったから、ある意味で同裁判所の事件処理の典型例を見せていただいたのだと理解している。公判裁判長は毅然とした熟年女性で、任務に忠実な姿勢が感じ取られた。この熟練裁判官が行う典型的裁判が、ここに紹介したように「和解的裁判」とでも呼ぶべく、職権主導により、実定法の解釈適用にこだわらない、関係者の生活利害調整を図る場であったことは、注目される。とくに手続面では、公判は終始、裁判官の糾問主義的な訴訟進行のもとで展開されたことはもちろんとして、そこにおける裁判官の釈明権は、争点整理という以前に、当事者の請求そのものを修正することに向けられていたことが最も印象的である。その請求の修正は、けっして実定法規に沿って訴訟物を特定する趣旨ではなく、おそらくはすでに公判準備手続における和解プロセスにおいて準備裁判官（公判裁判長と同一人物）が当事者を誘導していたであろうところの、和解的結論へ向けて、当事者の請求を強引に変更しようとするものであったことは、公判における裁判長と原告との緊張感を孕んだ応酬から明らかに読み取られた。徳望家とみられる人民参審員が原告の心情に働きかけることで、ようやく請求の修正が確認されるや、公判はそそくさと閉廷し、筋書きどおりの判決文朗読に辿りついたのである。

2004年「民事訴訟法典」は自己決定権・申立主義を明記したが、この公判で執拗に促された請求の修正は、こうした当事者主義の原則論とは程遠いものがあった。請求内容を最終的に譲った原告のために「原告勝訴」と判決し、そのかたわら結論的には現状居住者の生活保障を是とする判決を導いた裁判長の粘り腰は注目された。この裁判長を剛とすれば、当事者の心情にさりげなく寄り添って譲歩を引き出した人民参審員の柔も、見事な組合せであった。しかしいずれも実定法規の解釈適用には触れず、むしろ父系相続の伝統や現居住者の擁護といった政策的な価値判断に言及する点では共通していた。こうした観察からすれば、公判準備過程から公判へかけての一連の民事訴訟手続は、一つの連続的な裁判官主導の利害調整プロセスとして機能する実態が見いだされる。同じ和解的結論が、当事者合意として出されるか判決として出されるかの相違があるだけと理解されよう。

このような実体法の解釈適用を問わない職権主導の和解的裁判の現実を前提とすれば、2004年「民事訴訟法典」が先述のように、実定法規の要件事実を意識した当事者の主張責任テーゼを置かず、また事前準備手続や公判における裁判官の釈明・説明義務もあえて明記することなく、代わって総則で「当事者間の平等」や和解促進を強調する傾向はむべなるかなと思われる。ベトナム司法現場における和解的裁判は、法の名を借りて行われるものの内実は制定法規範を超えた柔軟な社会的利害調整であり、要件事実論による緻密な法令の分析を必要とせずに機能してきたゆえんであろう。ただし社会経済が変動し利欲の強い人々が「和解はできません、法律に沿った解決をお願いします」と言い募るドイモイの現代に、いかに有能な裁判官や徳望家参審員による「平等」の利害調整も、容易には立ち行かない現実に直面していることが、この公判からは見てとれた。

（2）形式的意味の当事者主義

先述のように2004年「民事訴訟法典」は、ソ連・ロシア法の伝統を踏襲して「直接・口頭・継続主義」よる公判原則を規定するが、しかし裁判官の自由心証主義を明記していない。ソ連・ロシア法の構造では幅広い参加者による多面的な弁論に耳を傾けるなかで自由心証形成を行う裁判官の姿が浮かび上がったが、ベトナム法においては関係者すべてを喚問し集中的な対質を行う糾問主義的な裁判官像が見えていた。

しかし筆者による裁判官面接調査では、興味深いことに回答の多くが、当事者主義が厳密に実施されているとし、職権主義的介入は当事者の要求がないかぎり行っていないとした。彼らの認識における当事者主義とは、冒頭陳述や交互尋問といった手続順序を守り、また当事者の提起しない証拠は（不要証事実とされる公知や行政文書等を除いては）採用しないなどの、もっぱら形式的手続主義の遵守を意味することがうかがわれる。

当事者主義の実質的な意味において、当事者の申立てや主張・立証を尊重する意識が裁判官に共有されているかといえば、心もとない。本人訴訟が8割以上という現状のもとで、当事者の主張・立証の能力の限界を誰が支えるのかの設問に対して、いずれの裁判官も問題なしと回答した。なかには、ベトナムでは社会組織等が訴訟参加し紛争当事者の主張・立証を助ける優れた制度がある、とする見解もあった。こうした裁判官らの現状肯定的見解は、先行研究が指摘している弁護士サイドの否定的見方と大きく食い違っている（UNDP 2007, p.59）。司法現場における公判の常識が、公判準備過程で得られた和解的結論への公権的誘導の場でこそあれ、弁論過程を通じた心証形成の場ではないとすれば、裁判官の関心は当事者の弁論支援には当然向かわないのであろう。これでは当事者主義の実質は、当事者の自己責任に委ねる自由放任主義に終わるおそれがある。思えば先述のハノイの公判裁判長の強力な糾問も、あくまで裁判官の想定する和解のラインに当事者の請求を誘導していただけであり、けっして当事者主義を支える釈明権行使ではなかった。

ただし質問票回答の１つは、真実発見・審理迅速化のためには当事者主義に徹するのでなく、当事者主義と職権主義の双方をバランスさせるべきだと強調するものであった。これは当事者主義を実質的意味で理解したうえで、なおかつその限界を見据える見解であり、いまだ少数派ではあるが一部の裁判官のあいだでこのような実質的理解が深められつつあることがわかる。

（3） 不可避の和解勧試

フンイェン省はハノイ・ハイフォン両特別市の中間に位置し、近年の地方自治制度改革で新設された若い省であり、工業団地建設による外資誘致など進取の取組みで知られている。真新しい党本部や行政機関の庁舎が威風堂々と立ち並ぶ中心地区からは若干離れた、うら寂しい一画に省級裁判所の簡素な庁舎は立地し、司法人事・財政の独立性を象徴するかのようである。裁判官の年齢層は明らかに若く、新設の省ゆえに新規採用者が多いためだという。

通訳つきの傍聴を許された民事控訴審公判は、事実婚の男女間の債務未済事件であり、原告・被告双方とも本人訴訟であり、検察官の立会いはなかった。控訴審であるため、法廷は３名の職業裁判官（すべて男性）から構成され、人民参審員の参加はない。冒頭で裁判長がまず追加証拠提出の有無を問い（第一審からの続審の趣旨）、請求の取下げや修正の意向を問い、控訴審においても和解が可能であることを強調した。また民事訴訟法上の当事者の権利として弁論の権利などを説明し、また義務として法廷内の秩序維持、判決に従う責任、証拠提出の当事者責任などを、流暢な口上で一気に語り終えた。ついで裁判長はおもむろに「原告は和解の意図はありませんか」と切り出した。

原告「和解したいです」

裁判長「被告は？」

被告「合法的に処理してください」

裁判長「控訴審でも和解合意があれば承認する。紛争の迅速処理のために和解を勧めたいが、どうか？」

原告「はい」

被告（沈黙）

裁判長「では和解手続に入ります」

このように公判法廷の構造を維持したまま、裁判長の鶴の一声で和解は開始された。

裁判長「第一審では原告は民法典 137 条（無効な民事取引の原状回復）を根拠に貸金 3,760 万ドンの全額返還を請求し、被告は過去に部分返済したとして金額を争ったのですね」

原告「被告は 2,000 万ドンの返済ならば応じると言いました」

裁判長「では双方に時間を与えますから和解について考えてください。その間に私は第一審の判決を朗読します」

裁判長は第一審判決の事実認定（原告から被告への複数回の無利子融資や代理弁済）、また適用条文として民法典 471 条（使用貸借）、474 条（返済義務）、478 条（無利子有期契約）、325 条（弁済充当順位）等に言及し、原告請求金額を全額認容した結論を読み上げた。

裁判長「以上でよかったですか」

原告「はい」

裁判長「被告は？」

被告「不服があり控訴しました」

裁判長「不服の内容は？」

ここで被告は第一審では主張していなかった新事実として、事実婚解消時に原告に財産分与を行った際に借金の一部を相殺した旨を主張した。

裁判長「すると問題は2つですね。原告に財産分与を行った際の相殺の事実と、借金の部分返済時にその相殺分を差し引いて支払った事実ですね。これは今後分析します。その前に、和解はできそうですか？ 人間関係回復のためにも迅速な事件解決のためにも和解が最善です。被告は 2,000 万ドンならよいのですか？」

被告「金額はそれでよいですが、分割払いを要求します」

裁判長「金額はよいのですね。分割払いというが、どういう返済計画なら可能ですか？」

原告「私は一括払いを要求します」

裁判長「では被告は一括払いに応じないと、第一審判決のとおり3,760万ドン全額になりますよ」

被告「しかし実際に支払えないのです」

次席裁判官「2,000万ドンを3回に分割して2009年中に支払うというのはどうだろうか」

次々席裁判官「いやよく考えて御覧なさい。2,000万ドン一括支払いか、3,760万ドンを執行されるか。執行手続で支払いが遅れると延帯金利がついてくるのですよ。敗訴すると裁判費用も負担になりますよ」と、その剣幕は激しかった。

被告「2,000万ドンで同意するとは言ったが、先ほど言った財産分与の事実は配慮してもらえないのですか」

次々席裁判官「あなたはその主張を第一審で出していなかった。控訴審の手数料さえまだ支払っていないではないか」

被告「この控訴審法廷は新たな証拠を出すようにといったのに、審理してくれないのですか。財産分与を含む全体を検討してくれないのですか」。

ここで裁判長が急いで割って入り、「では和解できないということですね。わかりました」と受け、「では事実確認に入ります」と宣言した。糾問は第一審から引継いだ調書をもとにさらに詳細を問いただす趣旨で、立て板に水の速さで行われた。まずは原告に対する集中的尋問であり、被告が貸金を原告との共同農業経営のために使ったこと、原告は事実婚関係の継続に不安があったので意識的に貸金の書証を残しておいたこと、その作成に公安の力を借りたこと、事実婚解消時に財産分与はなく原告が事実婚開始時点で持ち込んだ固有財産を持ち帰ったのみである、などの主張を引き出した。つぎに被告を尋問し、貸金は原告との共同経営に用いたこと、借金1,600万ドン（+代理弁済分400

万ドン）は認めること、しかし借金額確認書の3,760万ドンは公安の圧力で署名せざるを得なかったこと、などの主張を手早く引き出した。

そのうえで裁判長は「本法廷は貸金返還の件だけ解決します。財産分与の件は別訴で解決しなさい」として、双方主張が明らかに対立する部分は切り分ける判断を即決した。ここで再び次々席裁判官が口を挟み、「和解しないと財産分与の問題は別訴で争わねばならないのですよ。第一審で主張しなかったから控訴審では採用できないのです。和解すれば財産分与の問題も含めて2,000万ドンで済むのですよ。判決になると法律に基づいた判断しかありえませんよ」などと大変な剣幕で語った。

裁判長「これで尋問を終えます。つぎに当事者は交互尋問をしてください」

被告「借金総額3,760万ドンという原告の主張のうち、少なくとも原告所有の家畜を私が世話したエサ代合計400万ドンは差し引くべきです」

原告（沈黙）

裁判長「つまり3,760万ドンは認めて、400万ドンだけを争うということですね」

しかしここで両当事者はもはや疲れきったかのようにさしたる発言がなく、このまま公判は終了した。15分ほどの休廷ののちに判決が言い渡され、その内容は第一審の結論を踏襲するものとなったが、ただし驚かされた一点は、被告側の控訴請求趣旨が、公判最終局面の問答を根拠に「第一審認定の3,760万ドンから家畜エサ代400万ドンを差し引くべし」とするわずか400万ドンをめぐる争いとして修正されてしまった点である。また判決中で「民事訴訟法典」175条（書面による申立期限）が言及されたが、これは被告が財産分与に関する新主張を事前書面で申立てなかったゆえに控訴審で取り上げないとする点の法律根拠の明示と見られる。

このフンイェン省の公判もまた裁判所長の選択で傍聴を許された事件であり、3名の裁判官はいずれも有能な若手の出世頭とのことであった。したがって典型的な模範的事例であったと考えることができる。この公判で最大の特色はやはり、再三繰り返される和解勧試である。2004年「民事訴訟法典」の和解前置手続は第一審公判準備段階のみについて法定され、控訴審には存在しないので、控訴審裁判官らが和解的解決志向に立つかぎりは、公判のさなかに執拗な和解勧試を行うしか方法がないのである。閉廷直後に筆者が別室で、まだ判決言渡しの興奮さめやらぬ裁判官らへの面談を許された際に、とくに公判廷で「和解に応じないと法律を適用されて痛い目をみる」とまで力説していた次々席裁判官が熱心に説明してくれたところによれば、和解成功率はプラスの人事評価につながり、一般社会からも有能な裁判官として尊敬を集めるとのことであった[31)]。出世志向のつよい若い裁判官らが和解にこだわる動機のほどは十分理解できる。

また公判裁判長の解説によれば、本件では人民委員会からの送付文書により、被告男性側に新たな女性関係が生じて事実婚解消に至った経緯の調べがついており、原告側の請求には慰謝料請求の秘された趣旨も含まれていたようだとし、厳密な貸金金額の認定よりも心情的妥協が相応しいという判断もあったようである。ただし心情的解決を成功させるには、彼ら３名の裁判官はまだ若過ぎるきらいがあり勇み足が目立ったといえよう。

しかしながらこの控訴審では、第一審の事実認定に対する一定の疑念があったがゆえに、和解が志向されていたことも確かであろう。冒頭の和解勧試の失敗のあとに行われた事実確認では、いくつかの争点に尋問が集中していた。なかでも、貸金とされる金額の一部は事実婚夫婦の生計資金であったのではないか、財産分与でその労に報いたのではないか、第一審が採用した公安作成の貸金認定書には証拠能力の疑念があるのではないか、などの含みが示唆されていた。公判裁判長は当事者の主張する生の事実を法的視点で整理しようとする志向を見せ、糾問主義的ななかにも一定の主要事実に沿った心証形成を進める姿勢が看得された。しかし迅速一回性の公判であり、にもかかわらず「民事訴訟法典」が導入した当事者主義の枠組みのもとで事前申立ての巧拙に拘束されるとなると、続審といえども緻密な争点整理や証明は困難である。かといって事実認定を曖昧にとどめれば監督審で追求され人事考課に響くおそれもある。こうした真理究明の困難さは、心ある裁判官を逃げ道としての和解に向かわせているように感じ取られた[32)]。

上述のように2004年「民事訴訟法典」は第一審の和解前置主義を置く以外

には、あくまで淡々と公判開始時点の和解勧試（220条；270条）を記載するのみであるが、司法現場ではかくまで強く和解が必要とされている。伝統的に、法的争点の背後に真の争点ともいうべき心情的問題を読み取り和解を重視する紛争解決文化があり、裁判官の人事考課でも配慮されているが[33)]、しかし同時に、証明度に達する事実認定が困難な状況において次善の策として和解が志向される側面も否定できない。今後より精緻な和解技術論が求められていると同時に、より高度な事実認定を可能にする制度改革が進むならば、次善の策としての和解の利用は減少することが予想されよう。

（4） 理由を書けない判決書

2004年「民事訴訟法典」は先述のように、監督審・検察異議制度による法律審査基準について規定を置かず、また審査対象たるべき判決書の記載事項を曖昧化している（238条；279条）。この沈黙は、「社会主義法治国家」を達成すべく実体法の一律的実施を唱える上層部と、実体法の齟齬や欠缺を埋める法解釈を不可避とみる司法現場との確執ゆえではないかというのが、筆者の仮説であった。

本節で紹介した公判傍聴2件のいずれも、判決において、まずは裁判官主導で修正済みの当事者の請求が記載され、つぎに事件の経緯（要件事実として整理されていない生の事実）が連ねられ、主な争点に関する判断が短く記されたのち、結論と判断根拠とした法令条項に言及するスタイルである。事実認定や法的判断の理由はまったくといってよく説明されていない。裁判官は、当事者尋問から争点を整理し、該当する証拠を検討し、論理法則や経験則から事実認定を行い、法的判断に至るまでの全プロセスを担っているはずであるとしても、それらプロセスはみなブラックボックスのなかであり、単にインプット（請求と生の事実）とアウトプット（結論と適用条文）だけが記載されているのである。監督審や検察院の審査は、裁判官が行ったであろう要件事実の抽出や推論プロセスを、まったく独自に追試するしかない。

しかし現実は複雑であるから、インプットの簡素な記述から多様なアウトプットが引き出されるおそれがある。したがって司法現場の裁判官は、見えない審査の結論をつねに恐れていなければならない。筆者の裁判官面接調査においても、法適用の当否が不安なので個々の公判前に裁判所長や上級裁判所に意見伺いを立てているとする回答、任官後の事実認定や法適用の訓練機会がほとんどないとする不満[34]、年末恒例の最高人民裁判所判決評価会議や省級裁判所研修会における先例研究報告が希少な勉強機会であるとする意見、また日本支援の実施する判決書マニュアル事業を知っておりその早期進捗への期待、などが語られ、一般に裁判官は日々の事実認定や法適用のありかたに強い不安を抱えていることが伺われた。であるとすれば彼ら裁判官に、判決書における判決理由の詳述という、自己弁明手段を与えるべきではないのだろうか。しかし判決理由の詳述は、おのずと法解釈論の展開を許してしまうであろう。この点が、おそらく実体法の統一的適用を求める上層部の意向と合致せず、判決書の改革を遅らせてしまっていると考えられる。

しかし現実問題として、筆者の裁判官面接調査においても法解釈に肯定的な声は根強かった。回答の主流は、文理適用が原則だとしつつも、しばしば条文が曖昧であるので裁判所内部会議で法解釈を討議しているとした。また実定法の曖昧さゆえに法解釈は現実に不可避だと強調する本音の回答もあった。こうした場合に依拠する規範源として、監督審の助言、年末恒例の最高人民裁判所の判決評価会議やおりおりの省級裁判官会議で開示される監督審・下級審の先例、そして慣習などが言及された。また今後への期待として、最高人民裁判所が法解釈判例を確立すべき、こうした判例のエッセンスを立法改革に反映させ実定法の不備を克服していくべき、法解釈の自由度を肯定していくべき、などの見解が聞かれた。こうした回答傾向は、司法現場が法適用の統一性の意識を高めながらも、実際には法解釈が避けられない現実に向き合っていることを物語っている。先行研究では、和解志向のベトナム裁判官にとって制定法は参照規範のごく一部に過ぎないという見方や（Gillespie 2007, p.856）、制定法が参照される場合には文理適用しか行われないという見方がなされているが（ibid, p.849）、司法現場では急速に法適用の意識が高まっており、またそれだけに法解釈の必要性も認識されていることが伺われるのである。

その法解釈の展開を支える最大の制度条件は、「裁判の独立」ということになろう。筆者の裁判官面接調査においては、政治・行政部門の圧力や人脈・金銭による圧力は受けたことはないとする模範的回答が一様であった[35)]。ただし重要・複雑な事件では、共産党政治局からしっかり取り組むように指令が送付されてくるという。また裁判官人事が最高人民裁判所に移管されたのちにも、地方部の裁判官は主に省内のローテーションで昇進するので、地方人民委員会の許可は運用上必須であるとのことであった。司法と地方行政との関係を希釈すべく裁判所配置の再編計画が目下論じられるゆえんだろう（共産党48号決議II-1-5項）。いっぽう司法部内における垂直的圧力については、そうした悩みはないとし、むしろ上司裁判官や上級監督審による助言を下級審裁判官の側から自主的に求めて行っているとする模範的回答が中心であった[36)]。また「民事訴訟法典」成立や最近の監督審判例集公開といった制度改革によって裁判の独立性が変化したかとの問いには、肯定・否定の見解が半ばした。

このような回答状況からすれば、司法部内には上下の意見交換や相互参照を繰り返しながら法解釈論を形成しようとする動きがあり、それは司法部外との関係では判決書に表れず秘されていることによって「司法府の独立」を維持する意味をも持つのであるが、司法部内では濃厚な垂直的依存関係のうえに成り立ち個々の「裁判の独立」を脅かしうる独特の動態であることが窺われる。このような「司法府の独立」と「裁判の独立」とのトレードオフを克服するには、判決公開・評釈による司法外部からの監視制度が早晩求められていくと思われる。そのためにも、司法部内の法解釈の展開を判決書の上で公然と行わしめていく必要があるはずである。

5. 監督審決定判例集の事例検討

（1） 監督審判例公開の二面性

前章でベトナムの司法現場の観察から、民事裁判の場は準備手続から公判へかけての一連の裁判官主導の和解の場として運営される傾向、そこでは「当事者主義」は追加された形式要件に過ぎない傾向があり、当事者主体の申立て・主張・立証を実質化する志向は弱いこと、実体法整備の遅れから事実認定・法適用の焦点を定めにくく裁判官の和解志向がさらに強まる傾向、また他方で、判決書には表れない形で司法部内の法解釈が模索される傾向、などが浮かび上がった。

しかし以上わずかの2件の裁判傍聴と若干の裁判官面接のみでは偏面的な観察に終わるおそれがあるため、本章では最近公開された最高人民裁判所最高裁判官会議の『監督審決定判例集』(2002-2006年分)の掲載諸事例を参照することで、以上の観察を補いたい。

事例検討に先立って、先ごろ初めて公開された『監督審決定判例集』の性格を確認しておきたい。ベトナムでは判決公開制度は存在せず、判決の社会的監視という発想は乏しい。裁判の質的保障はもっぱら上述の監督審・検察異議制度による制度内的監視に依拠してきたといえる。しかしこの状況に挑んだのが米国であり、米越貿易協定のコンディショナリティを受けたSTAR事業の一環で、2005年以降に、最高裁判官会議の『監督審決定判例集』が刊行を見るに至った[37)]。米国側の期待は当判例集を広く公衆に公開し社会的監視制度として機能させる点にあったが(Wise 2005)、ベトナム側は当初から司法部内の配布にとどめるなど社会的公開には及び腰であった[38)]。

しかし最高人民裁判所では当判決集の役割に大きな期待を寄せているのも事実である。その意図は、上級審の指導で法適用解釈に関する判例を形成し、下級審に鋭意参照せしめることで法適用の統一性を高めていこうとする「判例発展」(phat trine an le)の推進にある。これは日本側が2002年以降の民事訴訟法典支援の過程で提案し、日越共同研究の形で支援を行ってきた方向性である(国際協力機構ハノイ事務所 2007)。従来、監督審決定のまとまった編纂はなされておらず、したがって下級審裁判官にとって先例の動向を調べる機能的な方法はほとんど不在であり、個別の案件ごとに一々公判前に上級裁判所にお伺いを立てるか、あるいは事後的な監督審で過誤を指摘されるか(これは人事考課に響く)しか方途がなかったとされる(井関 2005、p.79)。筆者の裁判官面接調査でも、年末の最高人民裁判所の判決研究報告などが先例についてのせめてもの勉強機会だと指摘されていた。ドイモイの急進的な立法改革により実体ルールが変転を極めるなか、司法現場では法解釈による実体ルールの整合化作業が焦眉の課題となっているとすれば、それは従来のように司法部内を垂直関係で行き来して個別に事前お伺いや事後審査を仰ぐ方法では埒が明かないのであり、せめてそれらのお伺いや審査のエッセンスを判例集という形で集約的に公表し、下級審一般の参照に供する必要がある。そこで呉越同舟ともいうべきであるが、判例の社会的公開制度を迫る米国の意向と、統一的法解釈のための判例発展を図る司法部の意向とが合致した地点で、最高人民裁判所最高裁判官会議の決定のみを対象とする『監督審決定判例集』の公表が当面開始された経緯がある。

なお『監督審決定判例集』の内容を概観しておくと、表4-1のように、裁判制度のこの最終段階まで持ち込まれる係争の圧倒的多数は民事紛争である。これは商事紛争が当事者間の調停で解決されてきたとされる傾向との対比で興味深い（McMillan & Woodruff 1992; Gillespie 2004, p.261）。ベトナムの伝統では民事紛争の解決手段としては村落（社会主義時代の文脈では大衆組織）による草の根調停が中心で、郷約と称される地域慣習法により処理されてきたことが知られ、ドイモイ後も和解組の最強化が図られてきた（戒能・松本・栁澤 2006、p.111-113、p.191-192 他）。この趣旨で 1998 年国会常務委員会法令 9 号がある。またとくに土地紛争や労働紛争では草の根調停前置主義が採られてきた。しかしドイモイ後の急速な社会経済変化は紛争の質的量的変化を来たし、またこれを律する実体ルールも土地法（1993 年・2003 年）や民法典（1995 年・2005 年）など国民一般の民事生活を巻き込んで大きく変化したことから、伝統的な紛争処理手段の能力を超えるに至っていると推測される。

なかでも民事紛争の主流は土地紛争である。その多くは、社会主義初期の階級土地分配→集団化→ドイモイ後の土地変換、と続いた急進的な土地制度の変転ゆえに起こり得べくして起こる問題の噴出だが[39]、加えて土地法・民法典などの立法整備に伴い要式性（土地使用権登記・書面主義など）などの強行法規が強化されたことが問題を深刻化させているとみられる。ベトナム法整備の基本的スタンスとして、強行法規の貫徹が意図され[40]、たとえば民法典や土地法の規定する土地使用権取引の要式性は強行法規とみられ[41]、立法改革以前からの権利関係も可及的速やかに要式性の完備が求められている[42]。し

表 4-1　ベトナム最高人民裁判所最高裁判官会議監督審決定件数の推移

	民　事	商　事	労　働	行　政	刑　事
2002-2003 年	38	14	2	3	26
2004 年	6	4	0	3	10
2005 年	32	9	0	2	23
2006 年	44	7	13	3	31
計	174	34	15	11	90

（Toa An Nhan Dan Toi Cao 2005；同 2008a；同 2008b）

かしこうした原則論を強行すれば社会生活が脅かされるであろう。このような調整局面で、司法現場がどのような問題解決を図ってきたのかを知るうえで、『監督審決定判例集』は貴重な資料である。以下では同判例集掲載の民事・経済事件の全決定をさしあたり眺め渡した当面の検討結果について論じる。

（2） 2004 年民事訴訟法典前の監督審傾向

表 4-1 からは 2004 年「民事訴訟法法典」施行前後の一時期、最高人民裁判所裁判官会議が監督審決定を控えていたことが窺われる。そこでこの前後の傾向を比較する趣旨で、まずは「民事訴訟法典」以前の事例に目を向けたい。まずは第一審の多くでは、実定法の適用解釈にこだわらない利害調整という意味での、いわば和解的解決姿勢が顕著である。これに対する監督審決定の姿勢は初期には肯定的であり、ときには不足する法律論を自判で補ってまで第一審の和解的結論を擁護する傾向すらうかがわれた。しかししだいに和解的結論に対して、審理不尽や手続違反を理由に破棄する傾向が増えていったように見受けられる。

第一審の扱う紛争の多くは人民委員会等による調停を経てなお縺れ込み、司法の場に持ち込まれているが、司法の場もまた引続き和解的スタンスで臨んでいる。たとえば監督審 05/2003HDTP-DS 号事件（Toa An Nhan Dan Toi Cao 2005, p.57）は、「土地法」導入前の有効な土地購入を主張し使用収益を続けてきたが土地証書等の要式性を欠く買主が、「土地法」以降に土地証書等の要式性を備えたうえで占有妨害行為を開始した売主相続人に対して、土地証書の受渡しや妨害排除を求めた事例だが、タイニン県第一審もホーチミン市最高裁控訴審も、過去の譲渡の有効性を確認し、ただし妨害修復費や訴訟費用は勝訴した買主側に大半を負担させている。この結論は、過去の譲渡の有効性について主要事実を明確に認定した形跡はなく、政策判断としては長期的使用収益の現状肯定に立ち、ただし被告側が法的要式性を備えて争った努力には金銭評価面で報いる利害調整を行ったと見られる。また監督審 11/2003HDTP-DS 号事件（Toa An Nhan Dan Toi Cao 2005, p.79）は、南北ベトナム統一時期に原告が家屋の質入れを行ったが、社会主義集団化時代に収用され、ドイモイ時代にそのまま集団幹部が私物化したとみられる事例で、カィンホア県第一審もダナン市最高控訴審も原告の主張を入れて原状回復を認めながらも、かたや被告への原状回復費につき慣習に依拠した現在価値算定を行って調整し、またその負担を原告・利害関係者間の互譲的申し出があったとして痛み分けさせている。ここでは集団化された私有財産の返還という大きな政策判断が先立ち、質権設定か譲渡か、完済したのか質流れか、集団幹部の現状の権利、といった主要事実は曖昧のまま利害調整が行われているように見える。また監督審 38/2003HDTP-DS 号事件（Toa An Nhan Dan Toi Cao 2005, p.213）は、土地家屋の相続人らが、1960 年代から賃借を続けてきた被告に占有返還を求め、被告は被相続人からの譲受を主張して対立した事例だが、バディン県第一審は譲渡が「部分的に」成立していたとして原告と被告で当該家屋を 3 対 2 で分割所有せよと判決し、さらにハノイ控訴審はこれを 4 対 1 で分割せよと判決する。この部分的譲渡なる事実の認定根拠はなんら触れられず、和解的な利害調整とみられる。

このように従来から第一審は、実定的根拠にこだわらぬ利害調整的な和解的解決が主流であったと考えられる。これに対して監督審の判断はもともと追認的であったとみえる。たとえば先述の監督審 05/2003HDTP-DS 号事件は、取得時効という第一審が明言しない法的根拠を持ち出して、要式性を欠く過去の譲渡の有効性を認めた結論を認容してやっている。しかし近年ではしだいに、監督審は事実審理不尽や手続違反を理由として差戻す頻度が圧倒的となっている。例えば上記の監督審 11/2003HDTP-DS 号事件では事実審理不足・利害関係人不参加を理由に原審を破棄する。また上記の監督審 38/2003HDTP-DS 号事件では当初の最高裁監督審は過去の譲渡を有効としたが、原告はさらにこの監督審への監督請求を人民検察院に要請し、けっきょく最高裁判官会議監督審はフランス統治時代の 1940 年代に遡る職権探知の不足を指摘して、原審を破棄した。監督審はしだいに、下級審の伝統的な和解的解決姿勢に背を向け、証拠主義や手続主義を強めているように伺われる。

(3) 2004 年民事訴訟法典後の監督審傾向

2004 年「民事訴訟法典」が 2005 年初に施行されて以降、監督審のこうした証拠主義・手続主義はさらに強まったとみられる。下級審には相変わらず和解的解決傾向がみえるが、監督審では細部の事実認定不足や手続違反を理由に破棄するパターンが定着している。しかしその破棄にあたっては、実定法規の条文に沿った要件事実の精緻化や手続準則を与えて下級審を導こうとする態度はなかなか見いだしにくい。例えば監督審 10/2005HDTP-DS 号事件（Toa An Nhan Dan Toi Cao 2008a, p.149）は、合弁パートナー間の融資の債権回収事件で、タインホア省級裁判所の控訴審は被告の債務と、被告の合弁撤退に伴う現物出資持分の買取との相殺という柔軟解決を許したが、監督審は被告の現物出資は認定できないとして（この監督審の結論こそ土地使用権出資の経済効果に関する誤認とみえるが）、控訴審判決を破棄している。また監督審 26/2005DS-GDT 号事件（Toa An Nhan Dan Toi Cao 2008a, p.245）は、20 年あまり遡る土地譲渡の無効ないし取消しを主張する原告に対して、被告が全面的に争い、かつ利害関係人である転得者が土地証書等の要式性を備えて使用収益中である事例で、オモン県第一審は原告請求棄却、控訴審はこれを覆して 20 年前の譲渡の無効を認定、監督審は譲渡に関する事実審理不尽として差戻した。しかし第一審の判断の焦点は、20 年前の譲渡の問題よりもその後の転買における取引の安全と現状重視にあったと考えられ、監督審は、民法典の原状回復主義（138 条 2 項）への拘泥なのか、問題を逃げている。また監督審 11/2006DS-GDT 号事件（Toa An Nhan Dan Toi Cao 2008b, p.232）では、1970 年代前半の共有地分割私物化が進んだ時代に成立した原所有権からの承継を主張する複数当事者間の紛争で、タンホン県裁判所は原告敗訴の第一審判決を出しながらも、度重なる破棄・差戻しに耐えかねて当事者間で分割させる痛み分け判決を出してしまっているが、監督審はこれら再三に及ぶ審理で蓄積された細部の争点を顧みることなく、要式性などの事実誤認として破棄している。監督審 28/2006DS-GDT 号事件（Toa An Nhan Dan Toi Cao 2008b, p.342）も、原所有者の相続人と接収した地方行政当局による幹部への転売との対立について、下級審の痛み分け判決に対して、監督審は転得者の善意悪意といった争点に触れることなく、請求範囲の逸脱などを理由に破棄している。

このようにとくに法律関係が錯綜する局面では、下級審は痛み分け解決を図る伝統的傾向を続け、これに対して監督審は、事実認定不足や手続違反で再三差戻す傾向が目立つ。しかもこのような証拠主義・手続主義の傾向は「民事訴訟法典」の導入を機にいっそう強まっているように見受けられる。この監督審の態度は、実定法の解釈適用を云々する以前に、手続法的見地から、従来型の和解と公判がないまぜになった裁判のありかたを克服し、当事者の証拠提出責任と厳密な証拠法則による事実認定の善導に腐心しているとみるべきかもしれない。しかし手続的改善に腐心しているだけでは、「判例発展」を通じて実定法の統一的適用を導くという監督審の役割は果たされない。また実定法解釈が整理されず要件事実が定まらないからこそ、当事者の主張・証拠が錯綜し、下級審の事実認定が迷走している傾向は明らかであるから、このままでは悪循環であり、手続的改善なく棄却が繰り返されてしまう。監督審は生の事実が出揃い、実定法の解釈適用論を提供すべき局面ですらそれを渋っているようにみえる。これは法適用面では、要件事実の抽出を下級審の主導に委ね、監督審は抽象的な法律論のみ提供するという、超然たる方針なのだろうか。しかし監督審に期待されている「判例発展」とは、「事実」と切り分けられた「法」の哲学的抽象的解釈ではなく、第一に条文を具体的な法律要件に分解し、さらにはこれら法律要件を生の事実に当てはめ、主張・立証されるべき主要事実を整理抽出してゆくまさに要件事実論の生成にあるはずである。

（4） 下級審の法解釈と限界

監督審レベルがかくして判例形成に手をこまねいている間にも、下級審は新たな法的争点の解決を迫られている。そこでは2つの現象が並行しているように窺われる。一つは、上級審の強める厳密な事実認定・手続主義を回避するようにして、とくに立証困難な局面で、和解勧試を強めることで柔軟解決をめざす傾向である[43)]。

もう一つは、否応なしに下級審主導のボトムアップの法解釈が進み、監督審レベルがあやふやな態度でそれを許容する傾向である。たとえば監督審04/2006DS-GDT号事件（Toa An Nhan Dan Toi Cao 2008b, p.180）は、原告から土地譲渡を受けた被告が隣接する原告姉の所有地をも譲り受けたと主張し返還に応じない事例だが、トゥリエム県第一審は土地使用権譲渡の要式性や無効・原状回復に関する民法典の条項を遡及的に（つまり強行法規として）適用し、原告勝訴を導いた。ハノイ控訴審は原審を破棄・自判したが、しかし監督審はこの控訴審を事実審理不尽として破棄・差戻し、そこに第一審の法律論を容れるような記述がみられる。また監督審06/2006DS-GDT号事件（Toa An Nhan Dan Toi Cao 2008b, p.197）は、事実婚の解消に伴ない夫側が夫婦財産権の分割を請求したが妻側が応じない事例で、キエンザン県裁判所は資産折半なる利害調整的解決を示したが、ホーチミン控訴審で破棄され、差戻し審ではキエンザン県裁判所はしきりと法律論を展開し原第一審の結論の正当化を図ろうとしており、すなわち法の欠缺における慣習・類推適用（民14条）、共有財産の分割（同238条）、履行遅滞の損害賠償（313条）、外国籍者への対人・対物管轄（同822・830・833条）その他関連法令に及んでいる。じつは原審から差戻し審までのあいだに同様の法律論に言及した監督審決定が出ていたので（監督審22/2005DS-GDT号事件）、キエンザン県裁判所はこれを勉強して万全の法律論で臨んだのかもしれない。控訴審もこれら法律論を容れた。しかし監督審は、事実婚の慣習は一夫一婦制違反であるとする先例変更的な傍論で原審の苦心の法律論を一蹴したうえ、例によって事実審理不尽を理由に差戻した。

以上から読み取られるのは、一部の下級審が、上級審による批判に未然に備える自己防衛のために、判決書の上で法律論を展開しようとする新たな方向性である。従来の下級審が、個別事件毎に事前に上級審にお伺いを立て判決書の外で法解釈を統一しようとしてきた態度は、事件処理の量的拡大とともに限界に達しつつあるのだろう。ただしそれら下級審主体の法律論はけっして条文を機械的に適用する演繹結果ではなく、利害調整的な、ないしは裁判官の中間的心証にとって妥当な結論を正当化するための武装手段として、場当たり的に取り組まれているように見られる。たとえば不動産取引の要式性についての規定を、強行法規として遡及適用することもあれば、現状の占有使用秩序の尊重に立って度外視することもある。同様に、要式性を欠く土地売買の追完、平穏公然たる長期利用の尊重、取引の安全からする善意取得者への配慮、法令に反する違約金の特約としての肯定、無効な贈与を有効な使用貸借とみなす契約補充、代物弁済型担保における対価的不均衡の調整、社会問題化する事実婚への夫婦共同財産規定の類推適用など、実体ルールの不足を自在に埋める下級審の法律論は豊かに散見される。監督審は通常はこれら下級審を審理不尽や手続違反を理由に差し戻しているけれども、ときには自らも下級審の問題解決姿勢に突き上げられるようにして、柔軟な規範形成を許容する傾向すら見られる[44]。

このような問題解決志向に依拠した是々非々の法律論は、現場の必要に発し、ボトムアップの法発展を促す魅力に満ちている。しかしながら過度に横行すれば、統一的法適用の期待をあまりにも危殆に晒すであろう。このような是々非々の帰納的法発展を、ある程度までは実験的に泳がせながらも、しかしどこかでそれらを収斂させ統一的に整理された要件事実論へと導いていく要の役割を、『監督審決定判例集』は本来期待されているはずである。

6. 示唆：日本からの司法支援の今後

以上本章では、ベトナム2004年「民事訴訟法典」制定の課題とされた「当事者主義」の実像をめぐって、制度面と実態面を観察した。第一に、同法典に影響を与えた諸外国モデルを概観したが、貿易協定のコンディショナリティという最も強力な手段で採用を迫った米国モデルは、じつは証拠収集提出の自己責任の他には具体性な「当事者主義」の内容化を行っていなかった。他方でベトナムに従来最も影響を与えてきたとみられるソ連・ロシア法は、伝統的に公判における弁論主義を実質化させる前衛的枠組みを有していた。しかしおそらくは、大陸法モデルを一概に「職権主義」だとして批判を極める米国の影響のもとで、ベトナム「民事訴訟法典」は、ソ連・ロシア法の枠組みだけを採用し、その前衛的弁論主義の心臓部というべき要件事実の解明、自由心証主義、判決書における理由説明などの本質部分を削除してしまったことを見いだした。日本もまた法典起草過程の支援を行ったが、当事者の申立主義や主張責任など、あくまで私的自治優位の形式的枠組みを重んじるその弁論主義モデルは、当事者の弁論活性化のために裁判官による要件事実の釈明教示を重んじるソ連・ロシア流の弁論主義モデルに比べると現代的魅力を欠いていたことは否めず、結果として大陸法モデルの長所をベトナム側に決定的に印象づけるまでには届かなかったと思われる。日本の役割は手続設計のより技術的な局面で発揮されていたように見受けられる。

このようなモデル相互の力関係の結果として、ベトナム「民事訴訟法典」は米国の要求に応える職権探知の例外化や、日本支援が強調した中立主義の明記など、ミニマムな形式面の対応は示したけれども、けっして「当事者主義」の魂ともいうべき公判における弁論と自由心証形成のありかたを真摯に模索した跡は見いだせない。その当然の結果というべく、実態面においても、筆者の裁判傍聴や裁判官面接調査にみるかぎり、新法典の導入した「当事者主義」は新規に追加された形式要件としてのみ捉えられる傾向がうかがわれた。司法現場はいまなお、事前和解手続から公判へかけての一連の糾問主義を通じて、事案の背後の心理的争点を探知したうえで、利害調整的解決を志向する従来型の裁判像が鮮明であった。

しかしこのような外来モデルの軽視と伝統への拘泥、いわばベトナム版和魂洋才の態度を、一概に非難することはできない。そこに、舶来モデルに容易には覆されることのない、伝統的なパターナリスティックな紛争解決への信念が根ざしているからである。舶来の民事訴訟モデルが（私的自治優位の米国モデルにせよ、釈明教示を重んじる社会主義モデルにせよ）、法的争点に法的解決を与える制度手段であるとすれば、ベトナム流の民事裁判の本質は、法的争点の背後の真の紛争に立ち入って解決を与える点に見いだされよう。有能で熱意溢れる裁判官らが、当事者の主張の背後の心情にまで立ち入って、最善と信じる解決案をひたむきに示し続ける姿には、紛争解決とは本来こうしたものであろうかという感動すら呼び起こされないではない。『監督審決定判例集』にみた諸事例からも、実定法にこだわらず利害調整的解決を続ける下級審の傾向は顕著に見受けられた。

しかしながら『監督審決定判例集』には同時に、裁判官の和解的結論に肯んじない欲得に目覚めた当事者らが立ち現われ、検察院を突き上げ控訴・再審・監督審を繰り返す生々しいドイモイ時代の現実が読み取られた。裁判官が伝統の美風や社会倫理の所在を説く巫者然といられる牧歌的な時代は、終わりつつあるのかもしれない。ドイモイ時代の民事裁判は、市場経済化の要請に突き動かされ、予測可能性を重んじる統一的法適用をめざしていくことは間違いない。和解的解決に親しんだ司法現場にとって、辛苦の変革時代は続くだろう。

この変化の時代に、最高監督審はもっぱら事実審理不尽・手続違反を理由に下級審を差戻し続けている。それはすなわち、従来型の和解的裁判を停止せよというメッセージに他ならない。しかしそこには代替案の民事訴訟像が見えない。監督審レベルでは、心証形成を枠づける厳密な事実認定と手続的統制を徹底しさえすれば、実体ルールの機械的な演繹的適用が可能であると信じられているのであろうか。これは米国流の司法による法創造を警戒し、法の統一適用を鼓吹する政府・共産党のナイーブな見解であるかもしれないが、司法部内では、法条と現実の紛争との間に横たわる大きな距離が認識されていないはずがない。一般にベトナムの立法改革は、グローバル化時代の外圧を受け、当座の課題にミニマムに対応する短視眼的な傾向が見いだされる。しかし、司法現場は日々の実務の連続性のなかで、紛争解決規範の安定的な予測可能性・統一性を担う責務に任じなければならない。単に朝令暮改の制定法に機械的に従う垂直統制にとどまっては規範的安定性は得られない。制定法がめまぐるしく変転するドイモイ時代にこそ、制定法を緻密に要素分解し補足し、既往体系との矛盾を埋めていく法解釈作業を通じた要件事実論の深まりが、予測可能性をもたらす法適用にとって否応なく求められている。そのような法適用解釈を導くための「判例発展」を、監督審は積極的に担っていかねばならないはずである。

日本からの最近のベトナム向け法整備支援（第3・第4フェーズ）は、まさしくこうした時代の要請に対応し、事実認定・法適用の予測可能性を高める趣旨で、司法学院のカリキュラム・教材・教授法支援、判決書マニュアル支援、判例発展支援、などの緊要性の高い支援に焦点を当ててきたことが見いだされる（亀卦川 2008）。

このうち司法学院支援では、日本の司法修習所で形成されてきたいわゆる要件事実訓練を嚆矢とする事実認定・法適用手法の伝授が試みられた。とくに第3フェーズ支援（2003-2006）では日本の民法典を素材に、各条文から法律要件を抽出し事実と照合していく技術が紹介され、単に文理的な法律要件の抽出にとどまらず、過去の判例形成を通じて明らかにされてきた追加の法律要件や立証責任配分が説明される方式であった[45]。しかしこの支援はその後ベトナム側からの要請が後退し、現在はほとんど実施されていない[46]。

また判決書マニュアル整備支援は、判決理由書における事実認定や法適用の記載を整理する趣旨で試みられてきた[47]。しかしこれも最近ではベトナム側の支援要請が後退し、完成が遅れている。

日本の第4フェーズ支援（2007-2009）が最も力点を置く支援が、「判例発展」（phat trine an le）である[48]。その趣旨は、法文各条の法律要件を明示する判例形成を促すべく『監督審決定判例集』の質的改善をめざすとともに、これら判例を下級審の判決書が明示的に参照する慣行を定着させていくための先例参照システムの整備に置かれている。こうした支援目的は上記の要件事実教育や判決書マニュアル支援と重なり、要件事実の明示による裁判の事実認定・法適用の質的向上をめざすものだが、前2者の二支援の重要性がベトナム側に今ひとつ受け止められなかったことから、同じ支援趣旨がよりベトナム側にアピールしやすい皮衣で再構築されたようにうかがわれる。すなわちベトナムは折から米国コンディショナリティに対応する『監督審決定判例集』の公開を迫られたことから、この判例集の体裁を整えるためにも、また下級審に対する監督審判例の先例性を強めるという発想が統一的法適用の政治的要請に合致することからも、日本の「判例発展」支援は前向きに受け止められたと考えられる。

ベトナム司法実務がパターナリスティックな紛争解決文化を残しながらも、グローバル化時代の外圧を受けて変容する実定法規範の乖離や矛盾と格闘し、歴史的時間軸のなかで連続する規範的安定性を追求していこうとするとき、そこにはおのずと熱意ある裁判官が当事者の弁論を引き出し鼓舞するベトナム一流の「当事者主義」が創出されていくように思われる。「当事者主義」は所与のモデルの移植ではなく、自らの手でそのありかたを模索する自由が許されるはずである。

そのような新たな民事訴訟観が生まれいづるプロセスに、日本支援もまた伴走しながら、ベトナム流歴史法学ともいうべき規範的連続性を支えていくことは、ドナー冥利に尽きる価値ある課題であろう。そこには日本自身が、かつてJohn H. Wigmore博士の称賛した江戸時代の判例法文化を切り捨て、近代法典の註釈学的実施に邁進した時代にも、なお司法現場の能動から多くの優れた判例法を形成し規範秩序の連続性を果たしていった自らの過去が、髣髴として重なり、日本法の自己理解を深める機会ともなろうと考えられる。

注

1)　日本法務省（法務総合研究所国際協力部）を主管に、吉村徳重・九州大学教授、井関正裕元裁判官、酒井一・立命館大学教授による専門部会が組成された。詳しくは、丸山(2005)。

2)　たとえば民法典についてはコーチシナ（南部）で1883年「民事立法原則」、トンキン保護領（北部）で1931年「民法典」、アンナン保護国（中部）で1936-1939年「民法典」がそれぞれ成っている。

3)　ただしUniversity of Washington School of Law図書館所蔵資料 *1969 Draft: Civil & Commercial Code of Procedure* によると、和解調書の債務名義化など、ベトナム社会の慣行を重視した制度研究の跡が読み取られる。

4)　USAID “Telling Our Story: Vietnam: Fairer Courts Make Fairer Decisions,” available at http://www.suaid.gov./stories/vietnam.cs_vn_civil procedure.html 参照。

5)　1994年「民法典」の成立にかかわらず、生産関係の国家管理を前提とする1989年「経済契約令」も維持されつづけた。詳しくは、金子（1998）。

6）1989年「民事紛争解決手続令」と1994年「経済紛争解決手続令」とが二元的に並存した。従前は民事事件を人民裁判所が、経済事件を経済仲裁法廷が担っていた。

7）1993年の法改正で人民裁判所は、民事法廷・経済法廷・労働法廷・行政法廷を有する体制とされた。

8）2004年「民事訴訟法典」における「民事手続」の定義は、「民事・婚姻家族・商事取引・労働紛争事件」を総称すると明記した（民訴1条）。なお行政訴訟手続は別途存在する。

9）ただしロシア共和国にみるような憲法裁判所の設置は長らく論じられている。

10）司法による法創造場面としては、①司法が立法権・行政権に対抗して法政策形成に乗出すいわば現代型政策志向訴訟のみならず、②一般的な個別紛争解決過程で類推・修補・慣習・条理・経験則適用などの法解釈技法を通じた法の欠缺補充や一般条項・抽象概念解釈などを蓄積する漸進主義的法形成作用がありうる。ベトナムにおける後者の必要性に関して、Gillespie（2008）参照。

11）たとえばFrankel（1980）; Landsman（1981）at p.36など。しかし当事者主義はむしろ当事者が真実を覆い隠す契機を含みこむことは従来つとに指摘されてきた。Frank（1949）参照。

12）たとえばLangbein（1985）は、（争点整理と職権探知を混同する若干の誤解と美化を含みながらも）ドイツ民事訴訟手続における精緻な事実認定と弁論主義、また職権主導の事前準備手続の効率性などの優位性を力説した。

13）Allen, Kock, Richenberg & Rosen（1988）は、前注Langbein（1985）に対する強烈な批判であり、司法試験における成績データまで持ち出してドイツ裁判官の有能性を否定する徹底ぶりにより、アメリカン・モデルの優位性を逆証明しようとした。*NW U. L. Rev.* 同一号にはLangbeinの反論も掲載されているが、これをさらにねじ伏せるAllenノートで締め括られている。

14）たとえばClermont & Sherwin（2002）は、大陸法諸国が「高度の蓋然性」を要求して証明水準のハードルを高めることで、原告の救済を難しくし、現状維持に機能してきた事実を比較民事訴訟法学が見落としてきたと指摘する。

15）Langbein（1995）は、ドイツ法のいかなる点を語っても「なぜその同じ国がヒトラーを生んだのか」の一言で止めを刺されてしまうと慨嘆している。

16）プリトライアルにおける事実審裁判官と上級法律審との法政策をめぐる対抗力学について、溜箭（2006）。

17）立法事実の検出過程における裁判官・当事者・第三者の相互関係と手続的定式化の課題について、原（2000）p.162以下。

18）棚瀬（1983）参照。なお筆者自身の観察（2009年3～6月に米国ワシントン州King Countyにおける少額裁判および付属調停制度を継続観察）によれば、少額裁判における裁判官の役割を当事者主義の活性化に見いだす理想論は取りにくい。裁判官の個性にもよるが通常、裁判官自身の心証形成を目的とする厳しい糾問主義で訴訟が進行し、当事者の反対尋問の余地はなく、また判決では事実認定や法適用の理由はまったく告知・説明されず、通常手続や和解への誘導もない。裁判官は終始権威者として振る舞い、その迅速処理には胸のすくような魅力はあるが、しかしそれは当事者主義とは対極的な魅力である。当事者は賽を振ったあとのような諦めをもって判決を受け止め、納得度は低いように見受けられた。

19)　世界的な民事訴訟法の収斂を強調する前掲 Zekoll（2006）p.1334-5 も、米国モデルの特異性は認めている。

20)　以上のソ連・ロシアの民事法の改革経緯について、さしあたり Braginskii（2009）p.37-52 参照。

21)　1987 年「行政訴訟法」に至る経緯について、Oda（1990）参照。

22)　M. A. Gurvich & V. K. Puchinsky, "On the Basic Principles of Soviet Legislation on Civil Procedure,"（Yuri Sdobnikov, Trans., *Soviet Civil Legislation and Procedure: Official Texts and Commentaries,* 1961）; A. K. R. Kiralfy, "The Civil Code and The Code of Civil Procedure of the RSFER 1964,"（*Law In Eastern Europe,* No. 11, 1966）.

23)　たとえば前掲 Damaska（1989）の比較法的分類では、社会主義国は社会福祉的見地から国家が裁量権を発揮する究極の activist state に分類されよう。

24)　またこの兼合いで、吉村（2005）p.29 は、「証拠」の定義（81 条）において「事実に関するもの」「その他の事実関係を決定するために」といった用語法が、「事実」概念をことさら不明確に扱っているとの疑問を呈している。

25)　日本支援のフェーズ4（2007-2009）コンポーネント3について、亀掛川（2008）p.114 参照。

26)　法整備支援を通じて日本法自身の自己像への内省が得られるとする一般的指摘として、戒能（2001）、p.70; 森嶌（2001）、p.120。

27)　Taniguchi（2007）が洞察に満ちた制度史概観を提供している。

28)　井関（2005）p.81 では、客観的事実関係の矛盾とは（日本で上訴事由となるような）法令違反に相当するような蓋然性の高い経験則違反の意味に解している。

29)　調査に当たり JICA 法制度整備支援プロジェクト現地事務所の協力を得た。

30)　ハノイ特別市級裁判所における閉廷後の立話1名、バクニン省級裁判所で昼食を挟んでの面談2名、フンイェン省級裁判所で会議室面談4名であり、いずれも現職裁判官。

31)　筆者による別途複数のベトナム人弁護士への聴取りでは、和解率3割以上の裁判官は一般に有能とされ、事件配転で人気を集めるとともに弁護士側の頻繁な接待の対象となるとのことである。

32)　ただしこの見方は筆者による裁判官面接調査では否定され、いずれもあくまで厳密な証拠主義を第一義としているとする回答であった。

33) 筆者の裁判官面接調査でも、和解前置主義は厳守していること、和解率は３割をめざしていること、和解勧試は執行可能性を高めるので重視していること、和解成功率が裁判官の人事評価に反映されることなどが一様に語られた。また和解における適用規範は柔軟で、実定法と慣習の双方とする回答が多数であった。

34) こうした裁判官の切実な声は、任官後研修は商事法務・英語教育・パソコン技能などの実務的需要が強いとするUNDP（2007）p.102-104の指摘とは乖離する。

35)『監督審決定判例集』には政治的影響をうかがわせる事例が見え隠れする。根拠の曖昧な控訴・再審・監督審が再三長期化している事例の背後では、たいてい各級の人民検察院が積極的役割を果たしており、有力筋の肝いりを想像させる。監督審10/2006HDTP-DS号事件（Toa An Nhan Dan Toi Cao 2008b, p.232）のように、国会議員の肝いりで人民検察院が異議を申立て、監督審は手続違反を理由に原審破棄という露骨な例もある。また監督審が経済政策的・外交的配慮から下級審を不当に排すると見える例もうかがわれ、たとえば監督審3/2006HDTP-DS号事件（Toa An Nhan Dan Toi Cao 2008b, p.106）や監督審16/2006HDTP-DS号事件（Toa An Nhan Dan Toi Cao 2008b, p.182）は海外居住の越僑による母国投資の事例だが、違法の名義貸しによる土地投資を無効とした下級審が、一様に破棄されている。

36) このことはUNDP（2007）p.50やGillespie（2007）p.853の調査結果とも呼応する。

37) 以下３冊が刊行されている：Toa An Nhan Dan Toi Cao（2005）; Toa An Nhan Dan Toi Cao（2008a）; Toa An Nhan Dan Toi Cao（2008b）.

38) ただし2008年末に米国Star事業のウェブサイトで参照可能となり、（http://www.starvietnam.org/index.php?.portal=1&page=detail_news&id=159）また最高人民裁判所サイトでも事例を特定すれば検索できるようになった（http://www.toaan.gov.vn/portal/page/portal/tandtc/545500/cbba/dtba）。

39) 先行研究によれば、これら土地紛争の多くは、集団化時代に土地分配を受けた元土地なし農民がドイモイ以降の土地改革で再び土地なしに戻ったことに伴う混乱、また逆に再び土地を取り戻した農民世帯における土地高騰に伴う相続問題の再燃、とみられている。戒能・松本・栁澤（2006）における白石昌也報告・宮沢千尋報告参照。

40) 1995年民法典実施に関する国会決議（3～5条）に明記され2005年民法典実施に関する国会決議2005/45号（2条）で踏襲されたように、民法典実施以前の民事合意はあくまで民法典の強行法規に違反しないかぎり有効とみなす。

41) 1993年土地法（88条）は1987土地法を含む既存法規を破棄している。また前注の民法実施国会決定の強行法規に関する規定は、1993年土地法以降の取引に一律に適用される。

42) 1993年土地法（38条2項）は、証書を欠く当事者間の紛争は行政不服審査で確定し、司法審査への持込みを認めない。2003年土地法（50条）でも踏襲されている。

43）一例として監督審24/2006DS-GDT号事件（Toa An Nhan Dan Toi Cao 2008b, p.314）は家屋の譲渡担保をめぐる事実認定が錯綜し、7段階の審査を経てようやく監督審で確定するまでの過程で、たびたび和解勧試が図られている。こうした傾向は経済紛争でも見いだされ、監督審02/2006KDTM-GDT号事件（Toa An Nhan Dan Toi Cao 2008b, p.577）など。

44）監督審20/2006KDTM-GDT号事件（Toa An Nhan Dan Toi Cao 2008b, p.290）は土地登記などの要式性を備えた譲受人に対して、なんら要式を欠く相続人の権利を認めている。監督審23/2006KDTM-GDT号事件（Toa An Nhan Dan Toi Cao 2008b, p.390）は土地境界紛争についての第一審の和解的解決を破棄し原状回復を命じた控訴審を、「執行の現実的可能性」を配慮しないとして批判し破棄する。監督審42/2006KDTM-GDT号事件（Toa An Nhan Dan Toi Cao 2008b, p.423）は海外移住者の所有権よりも長期的使用継続の事実を尊重する第一審を容れて控訴審を破棄した。

45）神戸大学大学院国際協力研究科2005年後期開設講義「法整備支援論」における丸山毅教官（法務省法務総合研究所国際協力部）講義資料参照。

46）ベトナム司法学院教官陣への筆者の2008年12月時点の聴取では、ベトナム流の要件事実論が定着したと力説する教官が1名いたが、他3名の教官は米国流ケースメソッドで事件の争点や法適用の当否を自由討論する教授法を採っているとした。

47）井関（2007）は、ベトナムの判決書マニュアルを担当した支援専門家が、ラオス向けの同様の支援について記述した報告書であるが、日本の判決書文化が英米の判決書文化と異なり法的判断のみならず事実認定についても理由を詳述する点が、現地の司法実務にとって有用であるとする。とくに判決書自らが判決の正当性を自己証明する手段として機能することで、「裁判の独立」を強めることが期待されている（同p.9）。

48）成果として、国際協力機構（2007）がある。また2009年12月25～26日ベトナム最高人民裁判所／JICAハノイ事務所共催「判例制度セミナー」における基調報告として、Nguyen（2008）。

第４章の参考文献

井関正裕（2005）「日本法と比較しての特色（裁判官，監督審，緊急保全処分など）」，*ICD NEWS* No.21.

井関正裕（2007）「ラオス判決書マニュアル作成支援」，*ICD NEWS* No.33.

戒能通厚（2001）「法整備支援と比較法学の課題」，『比較法研究』61 号.

戒能通厚・松本恒雄・棚澤能生編（2006）『アジアにおける法整備支援：移行諸国向け法整備支援のパラダイム研究成果報告書：学際的アプローチ』.

金子由芳（1998）「ベトナムの経済契約をめぐる問題状況」，『広島法学』22 巻 2 号.

金子由芳（2004）「市場経済化における法整備の比較考察―ベトナム・ロシア・中国（1）（2）」，『国際協力論集』12 巻 2 号・3 号.

草野芳郎（1995）『和解技術論』.

亀掛川健一（2008）「ベトナム法・司法制度改革支援プロジェクトについて」，*ICD NEWS* No.34.

国際協力機構ハノイ事務所（2007）『「判例発展」に関する日越共同研究報告書』；越語版 *Nghien Cuu Chung Viet-Nhat Ve Viec Phat Trien An Le Tai Viet Nam*（JICA 2007）.

棚瀬孝雄（1983）『本人訴訟の審理構造』.

溜箭将之（2006）『アメリカにおける事実審裁判所の研究』.

原竹裕（2000）『裁判による法創造と事実審理』.

丸山毅（2005）「ベトナム民事訴訟法制定―わが国の起草支援」*ICD NEWS* 21 号.

三日月章（2005）『アジア諸国の法整備支援』.

森嶌昭夫（2001）「法整備支援と日本の法律学」，『比較法研究』61 号.

吉村徳重（2005）「成立の背景と審理手続の基本的特徴（第一審手続を中心として）」，*ICD NEWS* No. 21.

ラムザイヤー・M（1990）『法と経済学―日本法の経済分析』.

レ・フュ・テー（2006）「ベトナム司法制度改革の現状と問題点について」，*ICD NEWS* No.29.

Allen, R. J., Kock, S., Richenberg, K. & Rosen, D. T.（1988）"The German Advantage in Civil Procedure: A Plea for More Details and Fewer Generalities in Comparative Scholarship," 82 *NW U. L. Rev.* 705.

Braginskii, M. I.（2009）"Civil Law According to Russian Legislation: Developments and Trends," in *Private and Civil Laws in Russian Federation*（Simons, W. B. eds. 2009）.

Clermont, K. M. & Sherwin, E.（2002）"A Comparative View of Standards of Proof," 50 *Am. J. Com. L.* 243.

Damaska, M.（1989）"The Face of Justice and State Authority," 41 *Stanford L. R.* 1313.

Frank, J.（1949）*Courts on Trial: Myth and Reality in American Justice.*

Frankel, M. E.（1980）*Partisan Justice.*

Freedman M.（1975）*Lawyer's Ethics in an Adversary System.*

Gillespie, J.（2004）"Concepts of Law in Vietnam: Transforming Statist Socialism," in *Asian Discourses of Rule of Law*（Peerenboom, R. eds., 2004）.

Gillespie, J.（2007）"Rethinking the Role of Judicial Independence in Socialist-Transforming East Asia," *International Comparative Law Quarterly,* vol.56.

Gillespie, J.（2008）"Perspectives on Legal Interpretation," *Vietnam Law and Legal Forum,* No.166.

Gurvich, M. A. & Puchinsky, V. K.（1961）"On the Basic Principles of Soviet Legislation on Civil Procedure,"（Yuri Sdobnikov, Trans., *Soviet Civil Legislation and Procedure: Official Texts and Commentaries,* 1961）.

Haley, J.（1978）"The Myth of the Reluctant Litigant," 4 *J. Japanese Stud.* 359.

Kiralfy, A. K. R.（1966）"The Civil Code and The Code of Civil Procedure of the RSFER 1964," *Law In Eastern Europe,* No. 11.

Landsman, S.（1981）*The Adversary System: A Description and Defense.*

Langbein, J. H.（1985）"The German Advantage in Civil Procedure," 52 *U. Chi. L. Rev.* 823.

Langbein, J. H.（1995）"The Influence of Comparative Procedure in the United States," 43 *AM. J. Com. L.* 545.

Maleshin, D.（2008）"The Russian Style of Civil Procedure," in *The Reception and Transmission of Civil Procedural Law in the Global Society*（Deguchi, M & Storme, M, eds., 2008）.

McMillan, J. & Woodruff, C.（1992）"Dispute Resolution Without Courts in Vietnam," *Journal of Law and Economic Organization,* Vol.15, No.3.

Merryman, J. H.（1985）*The Civil Law Tradition, 2nd ed.*

Ngo Duc Manh（2008）"Legal Interpretation and the Supremacy of the Constitution," *Vietnam Law and Legal Forum,* Vol.166.

Nguyen Van Cuong（2008）"Nhat Thuc Chung Ve An Le, Tam Quan Tong Cua An Le Trong Cong Tac Xet Xu, Kai Quat Cac Trong Phai An Le Tren The Gioi," presentation paper at the SPC-JICA Joint Seminar, December 25, 2008.

Nicholson, P.（2007）*Borrowing Court Systems: The Experience of Socialist Vietnam.*

Nicholson, P. & Nguyen Hien Quang（2005）"The Vietnamese Judiciary: the Politics of Appointment and Promotion," 14 *Pacific Rim Law and Policy Journal* 1.

Oda, H.（1990）"Judicial Review of Administration in the USSR," in *The Impact of Perestroika on Soviet Law*（Albert J. Schmidt eds., 1990）.

Pham Diem (2003) "Vietnam's Judicial Bodies During the Anti-French Resistance War (1945-1954)," *Vietnam Law & Legal Forum*, No.111-112.

Pham Diem (2005a) "The Formation of Civil Procedure Law in Vietnam," *Vietnam Law & Legal Forum*, No.170,.

Pham Diem (2005b) "Civil Procedures in Vietnam," *Vietnam Law & Legal Forum*, No.172.

Quinn, B. (2002) "Legal Reform in the Context of Vietnam," 15 *Columbia Journal of Asian Law* 219.

Quinn, B. (2003) "Vietnam's Continuing Legal Reform: Gaining Control over the Courts," 4 *Asia-Pacific Law and Policy Journal* 431.

Reimann, M. (1998) "Stepping Out of the European Shadow: Why Comparative Law in the United States Must Develop Its Own Agenda," 46 *Am. J. Com. L.* 637.

Resnik, J. (1982) "Managerial Judges," 96 *Harv. L. Rev.* 376.

Resnik, J. (1986) Failing Faith: Adjudicatory Procedure in Decline, 53(2) *University of Chicago Law Review*.

Resnik, J. (2004) Procedure's Projects, 23 *Civil Justice Quarterly*.

Sward, E. E. (1989) "Values, Ideology, and the Evolution of the Adversary System," 64 *Ind. L. J.* 301.

Taniguchi, Y. (2007) "The Development of Adversary System in Japanese Civil Procedure," in *Law In Japan: A Turning Point* (Foote D. eds, 2007).

Toa An Nhan Dan Toi Cao (2005) *Quyet Dinh Giam Doc Tham Cua Hoi Dong Tham Phan Toan An Nhan Dan Toi Cao, Nam 2003-2004*.

Toa An Nhan Dan Toi Cao (2008a) *Quyet Dinh Giam Doc Tham Cua Hoi Dong Tham Phan Toan An Nhan Dan Toi Cao, Nam 2005*.

Toa An Nhan Dan Toi Cao (2008b) *Quyet Dinh Giam Doc Tham Cua Hoi Dong Tham Phan Toan An Nhan Dan Toi Cao, Nam 2006*.

UNDP (2007) *Report on Survey Needs of District People's Courts Nation Wide*.

USAID (2008) *Supporting Vietnam's Legal and Governance Transformation*.

Wise, V. (2005) "Several proposals to Vietnam on the judgment disclosure practices in the world's leading systems" in *Quyet Dinh Giam Doc Tham Cua Hoi Dong Tham Phan Toan An Nhan Dan Toi Cao, Nam 2003-2004* (Toa An Nhan Dan Toi Cao 2005).

Zekoll, J. (2006) "Comparative Civil Procedure," *The Oxford Handbook of Comparative Law* (Reimann, M. & Zimmermann, R. 2006).

（本書第4章は、『神戸法学雑誌』59巻3号掲載論文を加筆修正し再録したものである。）

第5章 紛争解決制度の選択肢
――生きた慣習規範の吸上げ――

1. 訴訟・調停・仲裁

(1) 紛争解決を通じた実定法修正

欧米ドナーの法整備支援が1990年代以降、広く展開するなかで、ドナー側支援実務の経済開発優位の政策志向と、現地社会秩序を重んじる法社会学・法人類学研究者のあいだには溝が広がり、両者の架橋が悲観視されている (Benda-Beckmann 2006, p.77)。そのような溝が最も深刻に見いだされるのが、土地法の領域である。経済開発志向から土地流動化・高度利用を意図する欧米ドナーは所有権登記制度の強引な「移植」を図っているが、現地社会には伝統的法秩序が厳然として生き残り、結果、ドナーの移植モデル、現地の実定法、伝統的慣習法が三つ巴の錯綜を深める「法的多元主義」の問題を来たしている (ibid. p.58)。こうした規範状況の錯綜は、紛争解決の予測可能性を弱め、あるいは悪しきフォーラム・ショッピングを引き起こし、このままでは経済開発や平和構築といったドナー自身の支援目標も実現が果たされない。

ではこの三つ巴の規範状況は、どのような方向で解決されようとしているのか。考えられる対応パターンとしては、①ドナーの移植モデルに沿って実定法を強化し、慣習法を駆逐する方向、②実定法と慣習法を分離し並立させる二元主義の道、③実定法と慣習法の規範的調整による実定法修正を現地社会自身の主体性に委ねていく道、の三者がありそうである。すでに本書第2章1節でもみたように、経済開発主導の時代には、①の実定法の強化が志向されていたが、人間開発・貧困削減が中心化した現代では①の立場は公然とはとりにくく、経済開発志向のドナーはもっぱら②の二元的分離路線に進んでいることが見いだされた (Bruce 2006)。しかしカンボジア土地法の事例にみたように、この②の二元分離方針における制度設計の詳細を点検するならば、暫時的に分離した慣習法が将来的には実定法に取り込まれ消滅する運命が織り込まれている。②の道も実質的には、①の慣習法駆逐の道と異ならない結末は、留意されねばならない。

これに対して、EUの方針にみるように (EU 2004, p.11-12)、③の道、つまり慣習法の側からする実定法の規範的修正を支援していこうとする、人間開発志向の取り組みも見いだされる。しかし問題は、これらのドナーが村落調停制度などの慣習法的紛争解決制度に深い思い入れを抱き、その保護強化に努めようとする戦略が、じっさいに実定法の規範修正を実現する手段として効果的であるかどうかである。人間開発志向のドナーがいかに慣習的制度の保護に思い入れを深めようとも、じっさいに規範修正の効果が得られないのであれば、その慣習法擁護姿勢といえども、②の暫定的な二元分離方針と同様の帰結となろう[1)]。慣習法秩序は指の間からこぼれ落ちるようにして、失われていってしまうであろう。

筆者は、日本の法整備支援が力点を置いてきた、司法の役割を高める一連の支援メニューが、この③の道、すなわち実定法・慣習法の架橋という課題にとって、もっとも効果的な行き方なのではないかという仮説を抱いている。本書で眺めてきたように、日本の支援メニューは、民事訴訟法典の整備、事実認定や法適用解釈に関する司法訓練技法の強化、判決書マニュアルや先例参照制度、和解技術論、などといずれも、裁判官を主役とする制度構築支援であったといえるだろう。裁判官が独立して、最善と信じる紛争解決に没頭するとき、おのずとその内的な葛藤のなかで新たな規範の醸成が起こり、それが和解・調停の方向を導き、判決理由書のなかに顕現し、さらに判例法の蓄積となって実定法修正に任じていくのではないか。このような裁判官の内面を媒介とする、実定法・慣習法の架橋に期待がもてるのではないか、という仮説である。

（2） 規範を架橋する制度条件

裁判官の内面を媒介とする実定法修正は、訴訟を通じた判例形成のみならず、和解・調停の場や、仲裁判断の審査・承認執行プロセスでも生じうるはずである。表5-1にみるように裁判・調停・仲裁を通じて、規範修正を可能にする制度基盤としては、規範適用者の自由度の保障、フォーラム相互の接触性・連続性、規範適用者と当事者との相互作用、修正された規範の社会化、の各面が注目されよう。

規範適用者は、訴訟においては裁判官である。その一定の自由度を保障する制度環境としては、前提となる裁判の独立、また道具立てとして法解釈技法を挙げている。ADRについては、裁判上の和解や裁判所付属調停のような裁判官の主催するいわば準司法型ADRと、弁護士や調停専門家の提供する民間専門家型ADR、またコミュニティの権威者が主催する共同体型ADRとを対置してみた。このうち準司法型ADRでは、当事者がフォーマルな訴訟に赴かずにあえてADRを選ぶからには、実定法以外の法規範が参照されることへの期待、また規範適用者と当事者とのより柔軟なインタラクションへの期待があると考えられ、とはいえあえて司法付随のADRを選んでいる点に、やはり実定法を中心に添えて争う意思や、最終的な規範適用者として裁判官に期待する意思があろう。民間専門家型ADRは、法曹が効率的紛争解決を請け負う商事仲裁流のものから、ソーシャル・ワーカーが紛争の心理的背景に立ちいって治癒を促がすトランスフォーマティブなものまで多様であり、一括して論じられない。いっぽう共同体型ADRは、アジア諸国の随所でいまだに息づいているが、しかし権威者が伝統的規範に沿って裁断する前近代的ないし牧歌的イメージは過去のものとなりつつあり（小林・今泉 2002, p.6）、いまや規範適用者は慣習法知識とともに実定法知識を踏まえた規範調整を求められ、権威的解決よりも当事者意思を配慮した合理的技法が語られる時代である。

フォーラム間の連続性は、異なる規範相互の接触性を高めるうえで重要な視

表 5-1　紛争解決における規範修正の制度条件（仮説）

	適用規範	制度条件			
		規範適用者の独立性・技能	フォーラム間の接触機会	規範適用者⇔当事者インタラクション	修正規範の社会化契機
訴　訟	実定法＋？	裁判の独立 法解釈技法	裁判上の和解との連続性	当事者主義＋釈明権等の介入	判決理由書 判決公開
準司法型ADR	実定法＋社会規範	実定法知識 法発見機会	訴訟との連続性	裁判官の主導性＋心理的介入？	裁判官の内的記憶
民間専門家型 ADR	Evaluative: 実定法	実定法知識	なし	弁護士主体	なし
	Facilitative: 実定法＋？	実定法知識	なし	当事者主体	なし
	Transformative: 社会規範	社会規範知識	なし	当事者主体＋心理的介入	なし
共同体型ADR	共同体規範＋？	共同体規範知識	フォーマル制度との連続性の模索	権威者の主導性→当事者主義	フォーマル制度との連結模索

（筆者作成）

点と考えられる。裁判・調停・仲裁など異なる紛争解決制度の相互関係のありかたについては、裁判を頂点として実定法規範を裾野に及ぼすべしとするピラミッド型モデル、管轄・適用規範が重複しあうとみる同心円型モデル、各制度が並存関係に立つべしとする八ヶ岳モデル、などさまざまに説かれてきた（小島 1987; 井上 1993; 和田 1994）。本書でみてきたように多くのアジア諸国において、国際開発機関主導の実定法整備と固有の慣習法秩序が並存し、対立を深めつつある法的多元状況を前提とするかぎり、実定法偏重のプラミッド型モデルは相応しくないが、かといって八ヶ岳モデルでは、異なるフォーラムが事物管轄や適用規範の面で完全に棲み分けている場合はフォーラム・ショッピングを介した規範ショッピングを促がすばかりで、規範修正は起こりにくいと考えられる[2]。おそらく各フォーラムの管轄・適用規範が重なりあう関係で相互に影響を与えあう同心円型モデルのイメージが、もっとも豊かに規範修正の機会を導いていくように思われる。この意味では、訴訟を担う裁判官が、和解・調停などの準司法型 ADR でも役割を担うことにより、実定法以外の規範との接触機会が豊かになることが有用と考えられる。また共同体型 ADR がフォーマルな司法制度との連結を模索する向きがアジア各地で見いだされ、このことにより実定法規範に侵蝕されるリスクと差し違えに、共同体規範を自ら主張し実定法の規範修正に乗り出す可能性も高まろう。

また規範適用者と当事者とのインタラクションが制度保障されるとき、規範修正機会が高まると考えられる。なかでも訴訟においては、当事者主義とその弱点を補完する制度設計が研究対象とされてきた。

規範修正の成果を社会化する制度条件としては、訴訟においては判決理由書の精緻化や判決公開制度が重要となる。準司法型 ADR においては、その結論は判決のように公開されないとはいえ少なくとも規範適用者として関与する裁判官の内面的知識として蓄積され、訴訟の場での法発見に還元されていく期待がある。共同体型 ADR においても、今後フォーマルな司法制度との連続性が模索されていくとすれば、研究余地が広がっていくと思われる。

（3） 裁判官主体型モデルの汎用性

日本の支援メニューが裁判官主体の制度構築に力点を置く傾向については、裁判官の腐敗や能力不足が問われる多くのアジア諸国にとって、適合的でないとする批判がありえよう[3)]。しかし日本の裁判官は、政官産一体の介入主義的政治経済体制のもとで、曲りなりに独立を守り、役割を果たしてきた。これを可能にした制度条件は、政治圧力や腐敗に悩むアジア諸国の司法現場にとってもまた同様に汎用性のある経験知であるに違いない。

また逆に紛争処理の私的自治を重んじる側からは、裁判官主役の制度構築と聞けば介入主義の匂いが感じられるとする批判がありえる[4)]。欧米研究者の間では、日本を官僚主導の「開発国家」とみなし、裁判官もまた官僚体制の一翼を担って介入主義的政治経済体制に奉仕してきたとする見方が根強い(Ramseyer & Rasmusen 2003)。ただしこのような見方は数値的データの扱いに問題があるなど、実証性に疑問が向けられてもいる（Upham 2005)。より冷静な観察に立って、日本の裁判官の独立性の高さを強調する見解がある（Haley 2003）。しかしあまりに中立的で個性の薄いそのありかたを、「顔のない裁判官」として逆批判する見方もなされている（フット 2007）。

かように、日本の司法像はいまだ解明し尽くされていない感がある。歴史的視点が不足し、戦後の米国の影響や比較に終始する傾向が問題であろう。しかし少なくともいえることは、日本の経験知の真髄が、裁判官による介入主義ではなく、むしろ裁判官が介入主義に対して自らを画してきた点にこそあると考えられることである。日本の法整備支援が、とかく裁判官を主体とする支援メニューを先行させてきた事実、なかでも訴訟の制度基盤整備に力点が置かれてきたことに鑑みれば、支援関係者が暗黙裡に共有する自負が見いだされる。裁判官経験者を中核とする日本の法整備支援チームにとって、受入国側にためらいなく紹介することのできる最善の経験知が、司法部内外の介入主義との相克のなかで築き上げられてきた、裁判の独立のための制度保障の枠組みを中心とするメニューであったことは、このことを示唆している。

そこで本章では、以下 2. でまずは日本の司法の自己像について、若干の歴史的回顧を試みる。ついで 3. で裁判官主導の和解・調停制度という、ADR の領域における日本独特のメニューを取り上げ、日本支援の性格をさらに見極めたい。4. では日本の直接の支援領域ではないが、仲裁制度に目を転じ、アジア諸国が紛争解決制度の構築課題をどのような総合像のもとで捉えているかを論じて、本章の検討をまとめたい。

2. 訴訟 —日本の司法の制度経験—

（1） 近代化で残ったもの —地租改正を経て—

日本の実定法が前近代と断絶し、近代化に邁進すると見えた明治維新の時代にすら、日本の司法過程は判例法・法解釈の蓄積を通じて、前近代から貫く何ものかの規範を守ろうとした。この節では、現代のアジアでも共通して規範的調整課題を投げかけている土地法の問題をめぐって、日本の経験知を改めて思い返してみたい。

明治維新政府は、徴税体制構築の関心からする公法的手段によって、早々に近代的土地所有権制度の構築に乗り出した。1873～1884年までに実施された「地租改正」がそれであり、すべての土地を課税対象とする、すなわち無主地は認めないとする大前提のもとで、旧幕藩体制の封建的領有制解体・徴税権集中が貫徹されるとともに、近代的な私的所有権が確立された（福島1962）。この私的所有権確立の背後では、伝統的法秩序のもとで生活の糧をなしてきた利用権の扱いが、3方向の明暗を分けたと見られている。第一に、専属的な耕作利用の行われていた土地では伝統的利用権がそのまま私的所有権に格上げされえた。第二に、不在地主の商業的権利と耕作利用者の生活的権利が並存する土地（いわば所有と利用の分離状態）における利用権は、当初は判例法の展開のなかで所有権と対等に保護されるかに見えたが、民法典の登場を経てしだいに「債権」として矮小化され、物権vs.債権の新たな文脈で紛争が展開されていった。第三に、伝統的に共同体的利用が行われていた土地は、「公有地」なる暫定概念による保護も一時模索されたが、最終的には解消・所有権制度への取り込みが促がされ、長く紛争の火種を残した。

このように、欧米型近代化の成功例と語られがちな日本で、じつは近代的所有権制度の導入はきわめて困難な道のりを辿ったのであり、とくに上記の第二・第三の局面では、立法・判例が動的な変遷を見せた。このうち第二の状況は、不在地主の商事的権利と生活利用者の民事的権利という、私法秩序の規範調整問題であり、以下（2）で経緯を回顧したい。第三の状況は、私的所有観に合致しない共同体的所有という、いわば市場の外部性の資本主義実定法における取り扱いの問題であり、以下（3）で司法の対応ぶりを回顧する。

（2） 民事的権利vs.商事的権利

政治体制としては前近代・封建制として位置づけられる日本の江戸時代だが、経済面では不動産質などによる農業金融が進み、18世紀前半までには質流れによる不在地主への土地・資本集中が合法化され田畑永代売買禁止令は形骸化するなど、すでに資本主義的土地流動化が起こっていたことが知られている（田中 1997）。この経緯を法秩序のありかたとして考えると、領主徴税制のもとで村落共同体が共同管理する「所有＝利用」の静的安定的秩序が、しだいに不在地主の出現によって侵蝕され、いわゆる「所有・利用の分離」へと展開する過程であったとみられる（石井 1989、北島編 1973）。土地所有権の商業的流動化・資本蓄積（現代流に表現すれば経済開発課題）と、土地の現実利用者の生活保障（現代流に表現すれば人間開発課題）とが緊張関係に立つ資本主義的問題が、すでに内包された経済社会状況が開始していた。法的に表現すれば、不在地主の土地上で超長期的に耕作利用しうる権利としての永小作権、また占有使用継続が認められた質入地や割替地などにおける生活者の利用権をいかに擁護すべきかのテーマであった。これらの課題は、明治近代化過程へどのように引きつがれたのだろうか。

1）明治初期「地租改正」—当事者自治の破綻—

まず明治初期の「地租改正」の実施時点で、この課題は、不在地主の商業的権利と生活利用者の民事的権利とのいずれを「私的所有権」として扱うかの問いとして立ち現れた。当時、全国の農地の約 3 割で不在地主と耕作利用者の乖離が存在したという。このいずれに私的所有権を認めるかにつき、明治政府はけっして公法的に一律の解決を強行せず、むしろ当事者自治に委ね、相手方への支払いによる買取りを促がす方針をとった。しかし資力の相違から不在地主に有利であり、双方が譲らない多くの場合に紛争が噴出した（丹羽 1964 他）。

2）判例法の展開—利用権の保護—

興味深いのは、司法現場で形成された、この問題に対する判例法の立場である。1880 ～ 90 年代の大審院判例（大判明治 20.2.26（明治 19 年 161 号）、大判明治 22.10.10（明治 22 年 243 号）大判明治 24.10.19（明治 24 年 20 号）、大判明治 25.3.8（明治 25 年 32 号）、大判明治 25.4.21（明治 24 年 198 号）等）は、「売買は賃貸借を破らず」こそが古来の慣習であると宣言し、一度は不在地主の私的所有権が確定した土地に対しても、永小作権などの利用権者の権利を継続して主張させ、所有権の承継者に対しても対抗を許していく立場を鮮明にした（大河 1990）。これらの事例においては、不在地主・承継人の側は、地租改正時点で永小作権が消滅しているとか、永小作権の登記制度が確立していないので公示方法がないまま保護を行うことは取引の安全を害するといった資本主義的主張を行ったが、大審院は慣習・判例法を根拠にこうした主張を明白に退けることで、利用権保護的な政策姿勢を鮮明にしたのである[5)]。行政府が明白な結論を出しえていない複雑な政策課題に対して、この社会激動期の司法が、積極的に回答を与えようとしていた姿勢が注目される[6)]。

3）民法典―商事的規範の優位―

明治政府は明治初期から民法典整備に着手し、ボアソナード教授の起草に成るいわゆる「旧民法」（1890年）が国会で成立したが、国民的大議論（法典論争）を呼んで施行棚上げになり、ドイツ留学帰り日本人の三博士らによる再起草作業を経て、1898年にようやく「明治民法」の施行という辛苦の道のりを余儀なくされた。旧民法への最大の国民的批判は伝統的法秩序の軽視であったが、しかし財産法に関していえば皮肉にも、旧民法は慣習的な利用権をよく研究したうえで起草されていた。とくに「賃借権」（115条）を強力な物権として構成し、長期賃借権への転換も認め、また対抗要件としての登記請求権を認めるなど（348-350条）、広く小作権の擁護を意識していた。逆にこの点が私的所有権の絶対化を意図する政府・財界の意向に沿わず、旧民法の施行延期の真因の一つとなったともいわれる（加藤1985, p.95）。

むしろ法典論争を経て、いわゆる慣行調査を踏まえて成ったはずの明治民法のほうが、伝統的法秩序に由来する利用権を制限し、私的所有権を絶対化する政策方針が鮮明であった。あたかもフランスとドイツにおける伝統的権利をめぐる判例方針の違いが想起されよう。明治民法は、永小作権などの伝統的な利用権が「物権か債権か」、またその対抗要件のありかたをめぐる起草過程の議論を経て、とりあえず永小作権を「物権」としながらも、存続期間を50年に限定し、この権利に終止符を打とうとした（270-279条）。その終了後は、伝統的な利用権は「不動産賃借権」として構成されていく想定であったが、しかしこの不動産賃借権は「債権」であることが強調され、登記された場合にのみ所有権者・承継者に対して対抗しうると規定した（605条）。しかし賃借人の側からの登記請求権の明文根拠が意図的というべく設けられなかったため、この登記は事実上行いがたい仕組みであった（大河・前掲, p.279）。

このように明治民法は、判例法が伝統的利用権の所有権に対する当然の対抗力を認めてきた態度を否定し、また後続の判例法が「占有・引渡」を対抗要件とする判例理論を形成した態度も否定した。このように明治民法は、伝統的法秩序を意識的に冷遇し、所有権の絶対化・取引活性化を旨とする、商事規範優位型の私法秩序を選択していたのである。

4） 小作争議—立法・司法対応の促がし—

民法典のもとで不在地主の私的所有権が絶対化されると、その金融力は増大し、多くの自作農も小作に下っていったなか、明治初期に全農地の3割であった小作地は、明治末期に7割にまで拡大した。小作条件も慣習法的規制の消滅に伴って悪化の一途を辿り、物納6割という過酷な水準で農民を苦しめた。社会主義的な時代風潮のもとで小作争議が急増し、政府の弾圧もこれを抑制し得なかった。政府は治安維持的配慮から、「小作調停法」（1943年）により裁判所付属調停制度を導入したが、小作権の実体的保護強化を図る「小作法」は立法府で葬り去られてしまう。そこで政府は別途、自作農創出政策の道を徐々に探究してゆき、戦後は、これの延長線上で米軍占領下での「自作農創出特別措置法」（1946年）によるいわゆる「農地改革」へと結びつくこととなった。同法（1条）は「所有と利用の一致」を謳い、これによって小作地のじつに8割が自作地に大転換することとなった。明治近代化の私法秩序は商事規範に偏重し、自由放任的展開のあげくに結局のところ、公法・国家法秩序の介入によって大きく転換されねばならなかった。その顛末は、利用権の所有権転換という、前近代から明治近代化初期へと受け継がれた振り出しの課題に立ち戻らざるを得なかったのである。

5） 法典主義における「法解釈」—利用権の相対的強化—

資本主義の私法秩序は、自由放任・商事規範偏重のあげくに治安秩序を揺るがし、「農地改革」のごとき抜本的な公法的介入を余儀なくされる運命しかありえないのだろうか。より安定的・持続的な私法秩序のありかたを考えることができるのではないか。現代のアジア諸国にも共通するこの問題を考えるうえで、日本の司法が果たしてきた役割が着目される。

上記のように明治民法典の成立以前の判例法形成はかなり積極的であった

が、民法典の登場に伴い、「法例」(2条) が、公序良俗に反しない慣習は「法令に規定なき事項に関するものに限り」法律と同一の効力を有すると定めた。民法典という実定法の基本秩序が確立したうえは、裁判官による慣習に依拠した法発見・判例法形成の自由を抑制しようとする趣旨であろう。これはまさに、本書第4章でみたベトナムの法適用統一化キャンペーンを髣髴とさせる。

しかし日本における司法の規範調整的役割は、法典主義のもとでもけっして根絶やしになったわけではなく、新たに「法解釈」の展開を生み出していった事実がある。それは私的自治原則を前提としながらも、民法典の「権利濫用」「公序良俗」「信義則」といった一般原則、あるいは民事・商事の慣習を規範的根拠として、民法典中の任意規定の解釈や、当事者合意を修正する例文解釈などの場面で行われる、裁判官の法形成行為に他ならない (広中 1997; 星野 1982)。なかでもたとえば所有権に対して賃借権を擁護する一連の判例蓄積があり、民法典における弱い賃借権の地位を修正強化する「借地法」(1921年)・「借家法」(同年) などの立法措置を導いていったことが注目に値する。

(3)　共同体的権利 vs. 開発国家

明治初期に日本の農地は国土の14%に過ぎず、85%は山林であった。このうち旧幕藩所有林は国有林とされたが、村落の共同利用地の所有決定問題が大きく残った。無主林は国有林とみなされる原則だったが、無主林と指摘された多くの地域でも近隣村落の共有・共同利用慣行 (入会権) が主張されつづけ、今日に至る長い紛争の火種となってきた。このように、共同体的秩序の伝統を新たな所有権秩序にいかに接合するかは、公法秩序としての土地法政策に投げかけられた最大の問いかけであった。

1) 公有地概念の模索

明治初期の地租改正当初は、暫定的に国有地とも私有地とも異なる「公有地」なる概念を新設し、共同利用権を保護する方向が模索された (1872年「地券渡方規則」)。しかし公有地の概念が定かでなく、運用困難を招いていったという (北条 1992)。

2）官民有区分

1874年以降には「公有地」概念は一転して放擲され、村落共同利用地を国有地・私有地（民有地第2種）のいずれかに振り分けるという官民有区分政策が採用されていく（1874年太政官第120号布告）。この過程で私有地たる立証責任は民の側に賦課されたことから、立証困難な多くの土地が国有地とみなして一方的に登記され、各地で延々たる紛争の火種となり、いわゆる国有地入会問題として今日にまで至る（笠井1964）。

しかしここで官民有区分政策の法的意義は、国有か私有かのいずれに振り分けるべきかという実務的次元を超えて、私的所有権制度をどこまで貫徹できるかという、欧米型近代化の試金石であったとみられる（田中1997, p.35）。そこには、村落共同体という中間団体を、個人主義の確立へ向けて克服されねばならない旧弊とみる近代化の信念のみならず、非営利的中間団体を排除し営利的個人を単位とする資本主義体制の貫徹を図る経済開発志向がある。村落があくまで伝統的な共同体的利用を墨守し、私的所有持分の分配に乗り出そうとしない、いわば私法・市場メカニズムが機能しない「市場の失敗」局面において、公法・国家法メカニズムがあえて意図的に介入して私的所有権を強制実施した過程こそが、官民有区分政策であった。

3）実定法の枠組みのなかでの法的闘争

明治民法典は「入会権」なる権利概念を導入して慣習法擁護派の慰撫を図ったものの、「各地の慣習に従う」とするのみで、なんら実質的な対抗手段などの保護を規定しなかった。しかも法典調査会の起草過程では「入会慣行調査」を形ばかりは実施したけれども、その実証結果を研究することなく、入会権を単に共同地役権的な性格（民294条）に限定することが図られ、後の審議過程の要求で共有権的性格（民263条）が挿入されるという顛末であった（北條2000）。このように民事実定法の側が私権としての「入会権」に積極的保護を与えないために、内務省や農商業省の行政措置が共同体秩序を度外視して強引な施策を推し進めていったなか、民衆サイドから立ち上がり、行政措置に対抗するための法的手段を合法的に追求する行動が各地で勃興した。

その典型的なアプローチは、町や村という行政単位で、あるいは財団法人などの形式で法人化を行い、もって入会財産の共有形式を保存するとともに、法人の意思決定方式を借りて伝統的な総意による合意形式を維持する試みであった（戒能 1958; 北條 ibid. 下 p.341～）。また一度は国有地化された入会地を民衆共同で国から買い戻すといったように、実定法の土俵を借りて合法的手段による共同体的土地利用を確保する試みであった。

こうした民衆サイドからの法的闘争のゆくすえを、川島（1968, p.34）は冷めた見地から「入会権の解体」として予想していた。すなわち入会権には、共同体の直轄利用タイプ、共同体構成員の個別利用に対して共同ルールを及ぼすタイプ、また共同体構成員の自由な個別利用を許すが配分ルールを維持するタイプ（割山）があり、このうち第一の直轄利用タイプは辛うじて生き残っているかもしれないが、後二者は近代経済に取り込まれ今やほとんど存続していないという観察である。しかし解体しているように見えても、一定の共同体的統制が残存しているという見方も付記している（ibid, p.9）。この一連の観察は、日本の共同体的土地利用が、前近代の形式からは変容したけれども、変容しながらも存続している事実を示唆している。それを「解体」と呼ぶのは近代化論者の価値判断であるが、しかし価値判断が許されるというのならば、よりポストモダン的な意味で、それは主体的な「変容」であったとみることも可能ではないか。民衆の法的闘争は、実定法の侵食による死を座して待つことなく、むしろ実定法の土俵に上がり込み、新たな形で共同体的規範を受け継ぎ生かしてきたのである。

４）　司法現場のポスト・モダン闘争

司法闘争の場における共同体的権利秩序の主張も、展開され続けた。裁判所は当初、積極的にこれに応えようとした。なかでも、明治民法典の登場のまさに翌年に、私的所有権の「権利濫用」を戒める法理を有権解釈により打ち立て、村落共同的利用秩序を擁護した判例群（大判明治 32.2.1 他）は注目に値する。民法典が確立したはずの絶対的な私的所有権を、司法過程の規範調整機能が当然のごとくに制限し、非市場的秩序の存在を肯定する大胆な判例法を登場させたのである。

しかしこれはあくまで私権と私権の衝突局面における規範調整であった。国家と私権の対立局面である「国有地入会」の問題については、下級審は各地で肯定的な判決を展開していたが、大審院大正4年判決（大判大正4.3.16）が一転して否定論を打ち出し、その後長く下級審の消極的傾向を導いた。戦後の下級審のあいだには肯定論を追求する向きが生じていくが（小林 1968）、政府は一貫して「国有林野入会」の存在を認めず、1966年「入会林野近代化法」がしかりであった。しかしついに最高裁昭和48年判決（最判昭48.3.13）に至って、国有地入会の存在を承認する判例変更が行われるに至ったのである。

このような判例変更の現代的意味は大きい。明治近代化が開始した経済開発の追求は、第二次大戦後の開発国家型経済再建に引き継がれ、国土山野は開発の波に切り刻まれた。この過程で1951年「土地収用法」による強制的な国家収用と民間事業者への事業認定制度が中心的役割を演じ、道路・ダム・空港といった巨大インフラ開発が否応なく山林を破壊した。日本の「土地収用法」の特色は、憲法（29条3項）の収用要件である「公共性」の該当事業を詳細かつ広範に列挙し公共性をめぐる紛争余地を狭めている点にあり（3条）、この列挙に該当するかぎり、営利目的の事業も、また公的収用後に私的利用に供される事業も、広く事業認定される運用傾向を生んできた（成田 1989, p.258～）。開発計画の多くが事前の反対を避けて強行される制度設計であり、これに抗する闘争はおのずと収用補償額をめぐる事後的紛争に向かわざるを得ない。

興味深いことはそうした収用紛争において、かつて前近代的な中間団体として「解体」が予想されたはずの山村の地縁的集団が、いまや目的的なコミュニティとして立ち表れ、前近代的ならぬポストモダン的権利としての共同体的権利を主張してアンチ開発闘争を展開している事実である（名和田・棚澤 1993）。この文脈のなかにアイヌ先住民族の地位を問う深遠な問題も位置づけられてくるのであり、二風谷事件（札幌地裁判 1997.3.27）の事情判決がある[7)]。

最近ではこのような農村コミュニティはさらにナショナル・トラストなどの市民社会運動と結びつき、環境保護運動を展開する動きがある。かつての前近代的中間団体が、明治近代化以来の私的所有権秩序をかいくぐって余命を維持した果てに、ポストモダン的中間団体として再生され、いまや過剰開発という「政府の失敗」、また資本主義外部経済という「市場の失敗」に対して、規範修正を迫る重要なアクターとして復権を果たそうとしている。そして司法現場は、その展開を静かに支える実定法の解釈修正に任じているのである。

（4） 開発国家における司法の役割

革命政権・明治政府にとって、欧米型近代化は旧体制の既得権を奪う正当化根拠であるとともに、富国・経済開発の方途であった。私的所有権はそこで、封建制打破の政治的理念であるばかりでなく、土地流動化による資本蓄積メカニズムを全開とする経済開発手段であった。私法実定法の設計は所有権制限的な権利を最小化し、公法実定法の設計は市場外の非営利的中間団体の否定へと向かい、いずれも農業収奪に立脚し資本蓄積→商工業投資という富国政策に奉仕する規範選択であったと総括されよう。そこで切り捨てられていった伝統的権利は、封建的旧弊ばかりではなく、国民生活の糧をなす利用権であった。

しかし国民一般はけっして被収奪者の地位に甘んじてばかりはいなかった。司法の場において、生活権の保障という正義を求めて法廷闘争が噴出した。初期の裁判官のアプローチは、実定法のみならず慣習法をも法源とみなす、柔軟な規範選択で応えようとするものであった。しかししだいに明治民法典・法例・官民有区分制度などと実定法秩序が強化されてゆき、慣習法の法源性が制限され判例法形成にタガが嵌められると、実定法の枠内での法解釈というアプローチが深められていく。これによって司法は、謙抑的ななかでも静かな規範修正の姿勢を維持できた。立法府が既得権階層に支配された時代にも、司法過程は一定の規範調整機能を果たし続けたのである。そして民衆の側からも、実定法の枠内で慣習的な規範を実現していこうとする合法的・適応的な法的闘争が進められてきた能動性が見いだされるのである。

このような日本の制度経験は、現代のアジア諸国においてそのまま生きるように思われる。本書で眺めてきたように、カンボジアでは民衆が農地を国有地として召し上げられ悲鳴を挙げている。インドネシアでは400余りともいう地域の慣習法 adat が、大規模民営化事業の波に押しやられている。ベトナムでは弱肉強食の市場原理導入で、牧歌的農村生活は脅かされている。いずれも経済開発主導の実定法整備が展開し、欧米ドナーがこれを強力に後押しするなか、民衆の生活権の側から一定の規範修正を行っていく配慮が必要となっている。本書でみた主に土地紛争の事例では、カンボジアやインドネシアの普通裁判所は実定法の演繹的適用をもっぱら旨とし、規範修正の要請に積極的に応えているようには見えないが、しかしベトナム人民裁判所の下級審やインドネシア宗教裁判所では、紛争解決に情熱的に乗り出す裁判官像も見いだされた。彼ら裁判官は、まさに日本明治初期の裁判官が行っていたように柔軟な規範適用を志向している。しかししだいに実定法整備が強まり統一的法適用のコントロールが強まっていくなかで、早晩彼らも、日本の裁判過程で追求されてきたような、実定法の枠内における緻密な法解釈という自己正当化手法の採用を余儀なくされていくと思われる。要件事実論、事実認定論、判決理由書、判例参照制度といった日本の法整備支援メニューが生きてくるのは、このような実定法との相克における規範修正の文脈においてであると考えられるのである。

3. 調停 —トランスフォーマティブな紛争解決—

(1) 裁判官主導型の和解・調停への期待

しかしアジア諸国の多くでいまなお、裁判所における訴訟の場は、硬直的な実定法適用を旨として行われるか、あるいは規範的柔軟性が見られる場合には逆にそれが行き過ぎ、系統だった法解釈による判例形成はこれからの課題となっている。少なくとも当面は、代替的紛争解決手段（ADR）に規範架橋的昨日が託されていかざるを得ないだろう。アジアにおける ADR の役割については、効率性ニーズや専門性ニーズといった商事仲裁的な側面と、コミュニティ的価値意識の再認識というポストモダン的な側面との両極面が指摘されてきた（和田 2002 他）。しかしながら、たとえば本書で中心的に取り上げてきた土地紛争にみられるように、コミュニティ規範が実定法と衝突し、もはやそれ単体では立ち行かなくなる局面が存在し、そのような第三の場での ADR の役割が問い直される時代となっている。

この節では、実定法と慣習法が複雑に入り乱れるインドネシアの土地紛争

(2) 全人民の利益 vs. 共同体秩序

インドネシアにおける実定法・慣習法の錯綜は深刻である。広大なインドネシアは400余りともいう民族が分かれ、村落を単位とする共同体的秩序が現代なお生きているという。共同体的土地管理は各村落の慣習法秩序（adatと総称される）に従って行われ、通常、村落成員に土地を配分し、私用地や共同利用地などの使用方法を決め、土地の権利変動を承認し、土地紛争を解決するためのルールを含む（IDLO 2006, p.78）。このような共同体的土地管理を、実定法はどのように取り扱ってきたのだろうか。まさに1945年憲法の国是である「多様性のなかの統一」の解釈をめぐる問題である（Bourchier 1999）。

植民地独立後のインドネシアにとって画期的な独自立法であった1960年「土地基本法」は、私法的側面では、所有＝生活利用の一体化を原則とするhak milik概念を打ち出すなど独自性に満ちているが、公法的側面では開発主義的な統一主義が顕著である。全国土は全人民の統一祖国であり（1条1項）、全人民に属し（1条2項）、全人民の代理である国家が「人民の幸福・福祉・自由の最高の実現のために」用いるべく管理することとされる（2条）。いっぽうで「土地基本法」（3条）は慣習法的共同体の土地管理権（hak ulajat）にも言及しているが、あくまで上記の統一主義・国家管理原則を遵守し、国益に沿って、法律・法規に反しない範囲で認められるとし、かつそうした慣習的共同体管理権は明白に存続しているものでなければならないとする。この趣旨は同法で再三反復されている（5条）。また村落共同利用の典型的な形態であろうと思われる森林採取権（46条）や水利権（47条）については、政府規則の定めに寄らねばならず、またhak milik（所有権類似概念）の根拠とはならないとことさら明記されている。このような「土地基本法」の国益優先的な基本姿勢を受けて、1986年「森林法」などの特別法規が制定されており、国有林指定や森林開発コンセッションなどの国策にしたがって、共同体的土地管理権は一律否定的に扱われている事実がある。こうした法令による制約は土地行政によっても広く追認されている（たとえば1999年慣習的共同体のhak ulayatに関する土地省規則5号）。

このように「土地基本法」の公法的側面は、共同体的土地管理権に対して否

の問題状況に再び立ち入って考えたい。インドネシアで展開す
のあいだで、土地法分野に絡んでADRを推進する流れが見いだ
しそこにおけるアプローチは大きく二分化しつつあるようにみえ
銀・ADBなどが所有権登記制度を推進する動きであり、慣習的
を迅速解決していくために行政主導型ADRを推奨している。い
深い志向として、UNDP・EU・IDLOなどが慣習法秩序の擁護
なADRのありかたを模索する動きがある。この後者はとくに、
波災害支援の文脈で、2005年以降にアチェ特別州で集中的に展開を

なかでも、村落共同体の慣習法的紛争解決メカニズムを活性
を国家の裁判制度（普通裁判所・シャリア裁判所）との連続性
づけ、よりフォーマルな性格を与えていこうとする支援事業が実
る（UNDP2006）。その当面の成果として、村落の紛争解決制度の管
裁判制度とのつながりに関するガイドラインがまとめられている
Assembly 2008）。同時に、これら紛争解決過程で参照すべき慣習法
収集する動きもあり、現地研究者や有識者への聞き取りをベースに
重ねられている模様である（UNDP 2008b; IDLO 2006 等）。

これらのドナーの試行錯誤は、途に着いたばかりとはいえ、村落
争解決制度を国家のフォーマルな司法制度と橋渡す新たな手続的ル
しようとする点で非常に興味深い。これらは、村落レベルからフォ
法レベルへ連携を求めていくボトムアップの規範的架橋の試みであ
う。しかしながら、いかに村落レベルがフォーマルな司法レベルへ
法規範を主張しようとも、フォーマルな司法の側が変わることがな
質的な変化は期待できない。この意味からすれば、日本のインドネ
援が、逆にフォーマルな司法の側を支援し、司法過程における和解
を充実させることで、慣習的規範に対して開かれた司法の柔軟構造
道を示唆してきたことはきわめて実践的な意義があると考えられる
Kawata 2009）。

定的・制限的な姿勢が顕著である。このことは同じ「土地基本法」が、平野部ではhak milikを中心概念として農本主義的社会の土地利用を擁護しその商工業開発との調和をテーマとしているにもかかわらず、hak ulayatが生きる山間部の伝統的秩序については国益を優先していくという、独特の二面性を浮き上がらせる。国家はここで、市場法秩序の内部では民事慣習的権利を後見的に擁護するが、市場法秩序の外にある共同体秩序に対してはむきだしの国策支配を及ぼすのである。「土地基本法」前文は慣習法重視を謳っているが、これはけっして伝統的秩序の尊重なのではなく、新たに農本主義的ユートピアをめざすインドネシア政府独特の“近代化”の言い換えであったことが、改めてあぶりだされてくるであろう（作本 1996, p.216）。

しかしそのユートピアの現実は、超克の対象とされた山間部共同体から流出する絶え間ない労働力を、平野部の農業労働者や商工業労働者として経済開発の底辺で低賃金使役することで成り立ち、「土地基本法」施行のこの数十年に激しい農業階層分化をもたらしつつある実態が指摘されている（水野 1991）。

民衆の共同体秩序の側はけっしてこうした中央政府のユートピア像による超克に唯々諾々と従っているばかりではいない。無数の司法紛争が国家を相手方として提起され、社会問題と化している。とくに森林法をめぐる衝突は著しく、森林省が許可した森林開発事業と地元の村落共同体秩序との対立、また地元村落共同体の開始したアグリ・ビジネスを森林法の森林保護違反として制裁する事例、などが噴出している（Inge 2007）。国際的NGOのナショナル・トラスト運動が入り込んで法廷闘争に参加する例も散見される。

これらの紛争において普通裁判所は現行法を杓子定規に当てはめる傾向がある。先述「土地基本法」3条の法令のhak ulayatに対する優位性を根拠に、森林省や地方行政による事業を一方的に勝訴させる傾向である。しかし1986年に設置された新たな行政裁判所では、同じ事例に対して、森林法関連法規の行政手続における瑕疵などを問題にして、地元民側を勝訴させる傾向も散見される（Inge ibid.）。

このような法廷闘争においては、手続論に頼るばかりでなく、実体論としての法解釈の余地は十分ありそうに見受けられる。たとえば「土地基本法」の掲げる一般原則である、弱者の保護・権利侵害最小化（11条）、個人の尊厳（13条1項）、国家事業の法律の根拠（13条3項）、事業者による弱者保護義務（15条）、といった一般規定を解釈根拠として、hak ulayat に対する法令の優位性（3条）に制限をはめていく道、また同法2条のいう「人民の幸福・福祉・自由の最高の実現」の解釈を争っていく道、などは十分可能であろう。さらにまたインドネシア1945年憲法はポスト・スハルトの1999年・2001年に改正され、従来不明確であった私的財産権を明記するかたわら、生存権・発展権・環境権といった人権リストの充実を図ったので、法解釈の駒は出揃ったというべきであるから、今後の憲法訴訟の展開も期待されるところである[9)]。

インドネシアのこうした状況を日本の過去と対比してみれば、相違以上に共通性が見いだされよう。日本・明治政府は「所有と利用の分離」した近代的所有権を絶対化し、農業労働力搾取による資本蓄積を商工業投資へ振り向ける富国強兵を志した。インドネシアの土地法制は「所有と利用の一致」をめざす自作農中心の農本主義的発展観からスタートしたかにみえた。しかしそれは、伝統的な共同体秩序には否定的で、村落から流出する無限の低賃金農業労働力による農業階層分化を前提する秩序であった。しかも、新設の地上権・事業用益権がしだいに欧米型の私的所有権同然に物権化し、伝統的生活秩序を脅かす開発コンセッションの基盤となっている。欧米型の所有権絶対化を阻むはずの原理だった「全人民の利益」（土地基本法1条）、「全人民の幸福・福祉・自由の最高実現」（同2条）、「土地は社会的機能に従う」（同6条）といった理念はもはや逆に、開発に抵抗する生活者の土地を国益の前に収用し大規模民活事業に供するための功利主義の論理と化している。国策が商事利用・経済開発優位に歪む点では、日本と異ならない開発国家志向である。

この同じ条件のもとで、インドネシアでも日本の制度経験と同様に、実定法を解釈修正する司法の役割を通じた規範的架橋が強く求められていると考えられる。しかもインドネシアにおいて、そうした規範再構築へのヒントは日本以上に豊富に存在している。日本は明治期に近代化以前の法を否定し去ったが、インドネシアではいまだに慣習法上の hak milik adat が主流をなし、村落共同体の私権管理や共同利用の慣習も各地で存続し、開発主義の跋扈を戒める豊富な智恵が現在形として生きているのである。にも拘らずしかし、インドネシア普通裁判所は、実定法を演繹的・機械的に適用するエリート主義に根ざし、結果として国民から遊離し倦厭されてきた。このような不人気の普通裁判所に対して、日本の法整備支援は、裁判官主導で行う和解・調停制度のありかたを支援し、熱血裁判官の生き様を説いていくこととなったのである。

（3） トランスフォーマティブな和解技術論

では日本支援はどのような和解・調停のありかたを提言したのか。すでに第2章3節3. でみたように、日本支援は、調停専門家による調停前置主義を導入させようとしてきたオーストラリア支援と対抗して、裁判官を主体とする和解・調停の推進を主眼とするものであった。もちろん本章冒頭に触れたように、欧米の論者からは、実定法適用を担う裁判官が同時に行う和解・調停について、違和感が表明されやすい。しかしこの日本の和解・調停支援は事実として、インドネシアの司法現場、しかもとくに地方部の慣習規範と接触する機会の多い宗教裁判所・シャリア裁判所の裁判官らに圧倒的に歓迎されているのである（ibid.）。日本支援のどこに、そのような魅力が存在したのだろうか。

インドネシアに対する和解・調停支援を中心的に担った専門家である学習院大学の草野芳郎教授（元裁判官）の著書『和解技術論』（草野 1995）が、ここで重要なヒントを提供していよう。草野教授は、司法現場のADRには実定法規範の「判決乗り越え型」と「判決先取り型」とがあるとされる（ibid. p.10-14）。実体法の明確な法解釈が定着した領域では、M. ラムゼイヤーらの研究でも主張されているように（Ramseyer & Nakazato 1989）、たしかに判決の内容を予測したうえで時間・費用を短縮する「判決先取り型」の利用が中心であろう。いわゆる「弁論兼和解」も、事実認定を効率化しながら判決の結論を手早く予測していく便宜的手続としての意味で、多くはこの「判決先取り型」であったと思われる。しかし裁判官が真に独立して最善の紛争解決を図ろうとするとき、ときとして実定法の与える規範と異なるところに正義の所在が見いだされる局面に出会うかもしれない。そのような局面で、裁判官はあえて法服を脱ぎ、当事者を法廷から別室へと導いて、「判決乗り越え型」の和解を試みることがあるのである。

日本で同一の裁判官が裁判と和解を連続的に担う点について、とくに欧米論者の批判は根強い。しかし草野教授は、同じ裁判官でなければならないのだ、と強調する。このことは規範がすでに明解に提示されている「判決先取り型」の状況では、紛争解決の効率化という点で是認されるとして、では「判決乗り越え型」ではどうか。同じ裁判官が、実定法を超えて紛争解決を図る手段として任意に和解を促がしうる制度構造は、実定法にとってはあまりにもラディカルな選択である。安定成熟した社会において、そのような裁判官の過度な裁量は危険であるかもしれない。しかしながら急速な経済開発・社会変化の時代においては、このような裁判官のラディカルな役割こそが、実定法規範の変容・成熟を通じた社会の安定化のために、不可欠の要請であるように思われる。裁判とADRへの連続的な関与が裁判官の内的な規範意識の変容を促がし、ひいては判例法・法解釈による実定法の規範修正を動かしていく源泉として機能する期待である。

法的多元状況を抱えるアジア諸国にとっては、安定化した現在の日本のADR以上に、社会変動期の日本のADRのダイナミズムがより示唆を含むと考えられる。日本の近代化過程では、借地借家・小作・労働といった社会的紛争が多発した時代に、裁判上の和解が増加し、また裁判所付属の調停制度が導入されている。草野『和解技術論』の描く和解における情熱的な裁判官像は、必ずしも現代の裁判官の典型的なありかたを代表するとはいえないのかもしれないが、しかし社会的激動の時代には、紛争解決に寝食を忘れて没頭するそうした裁判官の姿が主流だったのではあるまいか。

さて草野『和解技術論』によればそのような熱血裁判官による和解の技法は、(i) 調停者は共感をもって紛争当事者の心理を受容し (ibid p.63)、心の底の真の紛争原因へ入り込まねならず (ibid p.67)、(ii) 当事者間の誤解・相互不信を解く介入が不可欠であり (ibid p.60)、(iii) 真の紛争原因を解決する和解案を提案していくべきこと (ibid p.75; p.88 〜)、などと説かれている。これら技法は興味深いことに、米国で発達した民間調停専門家による調停において、最近新たに勃興しつつある少数派であるTransformative派の調停技法と酷似する面がある（表5-2参照）。

すなわち米国の民間専門家調停のありかたは複数の流派に分かれているが、先行研究によれば（Mayer 2004他）、その主流派は実務弁護士の主導で様式化の進んだEvaluative派やFacilitative派であるといい、これらは実定法の知識を基準に紛争解決の効率化を図る考え方を基本とする、いわば「判決先取り型」である。このうち当事者の主体性を重んじると自称するFacilitative派の弁護士らも、具体的な調停技法のうえでは実定法の結論へ向けて介入・誘導するリアリティ・テストやコーカス（一方当事者との面接）を多用する点ではEvaluative派と異ならないことが、実証研究で指摘されている[10)]。しかしいっぽうで、ADRに本来期待されていたはずの当事者主体性や規範的柔軟性が後退する現実を嘆き、法的論争の背後にある心理的な紛争の本質に迫ってその解決を支援しようとするTransformative派が、徐々に主張を強めつつあるという。

こうしてみると、米国の民間専門家型ADRにおいて最も規範的柔軟性を志向している特異な流派というべきTransformative派の調停技法が、いみじくも日本の裁判官が担う司法型ADRの和解技術論と酷似しているということになる。このことは、日本の裁判官が担う和解・調停が、米国式の調停専門家

表5-2　調停各流派における手続的技法と適用規範の比較マトリクス

		手続的技法		
		当事者中心的手続	⇔	調停者介入的手続
適用規範	慣習規範 ⇕ 実定法規	Facilitative アプローチ（米国民間調停の主流）	Evaluative アプローチ商事型 ADR（世銀／ADB 支援）	法の自立性重視
			Transformative アプローチ（米国民間調停の少数派）	≒準司法型 ADR（日本の和解調停支援）
				コミュニティ型 ADR（UNDP/EU 等の支援）

（筆者作成）

の主流が担う調停より以上に、心理受容的であり、規範柔軟的であり、まさに「判決乗り越え型」の紛争解決に適した手段たりうることを示唆していよう。

インドネシアにおいては、オーストラリアの支援で成った（米国のFacilitative派の影響を強く思わせる）調停専門家による調停前置制度（2003年最高裁手続規則）がまったく根づくことがなかったのに対して、草野教授の支援した日本の和解・調停技法が司法末端の裁判官らによって心から歓迎されているという（Kusano & Kawata 前掲）。この現実はまさに、インドネシア社会の紛争解決現場における規範柔軟性へのニーズの高さゆえであろうことが示唆されるのである。

4. 仲裁 ―アジア諸国の政策選択―

（1） 治外法権を阻む仲裁法

紛争解決手段としての仲裁は、国境で画された一国法だけの問題として考えれば、紛争解決制度の全体秩序にいかに仲裁を位置づけ、いかなる要件と監督のもとで最終的な強制力を付与していくかの国内法政策の問題にとどまる（松浦 1998）。しかしグローバリゼーションが進む今日、アジア諸国に生産拠点を置く直接投資や、地場の流通過程に食い込むサービス投資などが多様に流入し、こうした国内経済面における渉外要素の深まりが紛争処理手段の選択にもおのずと変化をもたらしている。従来型の国境を画した貿易関係のもとでは、紛争解決手段としては中立的な第三国における外国仲裁や外国裁判を合意し、任意の準拠法選択が通用し、外国仲裁判断・外国判決の現地裁判所における承認執行方法だけ考えておけば済んだが、いまや外資は国内経済の懐深く入り込み、投資紛争は国内紛争解決手続に持ち込まれ国内実定法のもとで裁かれるべき局面が増加している。それだけにおのずと、国内紛争処理制度や国内実定法のありかたに改善を迫る外圧が高まり、法整備支援ブームをももたらしてきた。いわば国際商事紛争の国内化と表裏一体で、国内紛争処理制度の国際化ともいうべき外圧が高まっているのである。1985年に登場したUNCITRAL（国連国際商取引法委員会）の国際商事仲裁モデル法はその象徴というべく、各国の国内紛争処理のありかたに立ち入って改革を迫る性格である。その適用対象を「国際商事仲裁」としながらも「国際性」や「商事性」の定義はきわめて射程が広く（同1条）、外資が国内仲裁を活用していく局面を広く照準に含んでいることがその証左である。

ところが皮肉な現実として、外資はいまなお外国紛争解決を執拗に志向しつづける傾向が見られる。たとえば筆者の見聞するかぎり、アセアン諸国で投資活動を行う外資の少なからぬ傾向として、合弁契約・融資契約・技術提供契約・フランチャイズ契約などのうえで、外国（多くは米国ニューヨーク州）における裁判ないし仲裁の排他的専属管轄を合意し、かつ外国法（たとえばニューヨーク州法）を準拠法として指定する例が目立ち、もって現地法廷による現地法の適用を極力回避する性向を示している。一つの背景として、こうした国際投資契約が英語で書かれることが多いために、英米法弁護士に契約草案作成を依頼するので、おのずと英米系フォーラムで英米法弁護士を活用して行う紛争解決を選択させられている傾向がある。いずれにせよ、こうした外資の現地回避的志向を体現するかのように、最近では二国間投資協定（BIT）や自由貿易協定（FTA）などの締結交渉を通じて、仲裁合意の自由の尊重、外国仲裁判断の承認執行に関する1958年ニューヨーク条約や1965年の投資紛争解決条約（ICSID）の批准、これらの実施状況を監視する特別委員会の設置などを約し、外国紛争処理手段の実効性を保障する向きが強化されている[11]。

いっぽうアジア諸国の側には、外資がこうした外国紛争処理手段への傾斜することに対抗するかのように、あくまで国内実定法を基準とする国内的紛争解決制度を推進しようとする強い政策志向が見いだされる。アセアン諸国において、近年相次いで仲裁法の立法・改正が行われているが、これらはけっしてUNCITRALモデル法への単純なハーモナイゼーションではなく、国内的な紛争解決制度を推進する意図がそれぞれのやりかたで埋め込まれている（金子2003）。1999年成立のインドネシア「仲裁および代替的紛争解決法」[12]、2002年成立のタイ「仲裁法」[13]、および2003年成立のベトナム「商事仲裁令」[14]、2004年成立のラオス「仲裁法」などの動きである。じじつ、これら立法のいずれも、UNCITRALによるモデル法採用の公認は受けていない[15)]。しかし先進国のあいだにも、UNCITRALモデル法の採用態度にはバリエーションが存在しているのであり（三木2001; 岩崎1998)、アジア諸国の仲裁法に表れた政策選択の個性もまた、解明に値するはずである。

（2） 国内紛争解決を促がすメカニズム

制度設計の詳細に立ち入れば、まず仲裁合意の有効性を既定する合意文言について要件を加重することで、国内仲裁の排他的専属管轄化を図らんとし、外部フォーラムの並行審理を阻む傾向が見いだされる。たとえばインドネシア仲裁法（2条）は合意文言で「すべての紛争」を仲裁に付すると明記することを要求しており、並行して行われる内外裁判所への提訴は自動的に却下される(3条)。ベトナム仲裁令（10条）は仲裁合意で仲裁機関の特定を要求し、並行する提訴はやはり自動却下されるとし（5条)、また仲裁法廷の管轄権や忌避の問題も仲裁機関が最終判断を行うとして外部的審査を阻もうとする（25条)。これらはUNCITRALモデル（8条・11条）がより柔軟に非排他的な合意文言を認め、提訴も反対当事者の妨訴抗弁が提起されないかぎり係属するとし、妨訴抗弁があれば裁判所に仲裁可能性等の審査を認めていく態度とは対立する。そこには外国紛争解決制度に対抗して国内の機関仲裁を推進しようとする、アジア諸国の政策意図がうかがわれる。

さらに目立つ特色は、仲裁判断の根拠となる法規範の選択や判断理由の明記の要否について、各国それぞれ個性ある規定を設けている点であり、端的に当事者自治に委ねるUNCITRALモデル法（28条・31条）の態度とは異なる。インドネシア法では、当事者ではなく仲裁法廷に自由な裁量権を与えており（56条)、また仲裁判断においては理由を明記する必要がなく、少数意見があれば明示するのみである（54条)。いっぽうベトナム法（7条）では、ベトナムの法ないし基本原則を適用すべしと明言し、「善と衡平」などの裁量余地を認めず、また仲裁判断は理由を付さねばならない（44条)。タイ法は折衷的であるが、当事者合意が明らかでないときは抵触法の許す範囲でタイ法を適用するとし(34条)、また仲裁判断の理由は当事者の異なる合意がないかぎり明示を要するとする（37条）。このように各国法はそれぞれの個性をみせながらも、むきだしの当事者自治を阻もうとする点が共通している。これは、アジアで投資活動を行う外資が手前勝手な準拠法選択（たとえばニューヨーク法）を行って現地法回避を図ってきた態度に、対抗するものと理解されよう。

このような観察からすれば、アジア諸国の仲裁法は、自国内で展開する外資活動に、自国の実定法にねざした紛争解決制度を促がしていこうとする、精一杯の挑戦とみられるのである。

（3） 仲裁・裁判・調停の交錯 ―規範修正への柔軟性―

仲裁法の体現するこうした政策意図を前提に考えると、仲裁法廷の規範選択をとりまく状況は複雑である。投資紛争の一方当事者が外資であれば、特定の先進国法、あるいはグローバル・スタンダードを標榜して国際商事慣習ないし商人法（lex mercatoria）を主張してこよう。しかし他方当事者は現地主体であれば、抵触法の観点からして投資活動のあらゆる点で現地法の適用が自然な選択であると主張するはずである。しかもこのとき、現地法の採用といってもそれは書かれた実定法規だけを意味するのか、あるいは現地の民事商事慣習をも拾い上げていくのか。先述のようにのインドネシア法は、仲裁法廷が慣習法規を含む柔軟な判断を行っていくことを当然予定しているし、ベトナム法やタイ法も自国法の適用を促がす規定のなかにそうした柔軟判断の余地を含みこんでいると読めなくない。であるとすれば、仲裁の場は、自国の実定法と慣習法の入り乱れた主張が起こり、そこに外国法や国際商事慣習がぶつかりあうという、ダイナミックな規範衝突の戦場となる。

この規範的判断は、仲裁法廷かぎりで決着がつかない問題であり、仲裁判断の取消審査や承認・執行審査という形式で、裁判所による実質的な最終判断に委ねられている。もちろん世界の仲裁法の流れは当事者自治にあり、裁判所による仲裁判断審査はあくまで仲裁合意・仲裁可能性・管轄権などの形式審査と公序判断にとどまり実体判断は行わないとする原則が確立し、アジア諸国の仲裁法もその原則を踏まえている。しかしアジアの仲裁法では、形式審査の対象となる仲裁合意や仲裁可能性について、裁判所の内容的介入余地を許す裁量的要件が加重される傾向が見出される。例えばインドネシア法にいう「取引性」、ベトナム法にいう仲裁合意の署名権限、また各国法とも認める法規による仲裁可能性の一般的制限などである。公序判断でも裁量余地は当然広い。

加えて各国とも、屋上屋を重ねるようにして上訴・監督審査が繰り返される仕組みがとられ、形式審査という名の仲裁判断審理は結局、裁判制度の薬籠中に深く取り込まれていく。たとえばインドネシア法（61～62条）では、仲裁手続過程の中間審査や取消審査の余地を廃し、執行審査過程に裁判所のあらゆる判断を集約する仕組みを採ったために、仲裁判断の内容が明らかになってのちの最終段階で裁判所が絶大な裁量判断を発揮する構造であり、しかも上訴の余地がある。タイでは旧法は国内仲裁で実体審査を要していたが、改正法はこれを廃止したものの、代わって取消審査（40条）と執行判決制度（42条）との二重審査体制を敷き、このうち後者は二審制の上訴制度のもとにある（45条）。ベトナム法（57条）では、仲裁判断を承認・執行手続を経ることなくそのまま債務名義として執行過程に持ち込めるという一見便宜的仕組みをとるが、他方でこの執行手続とはまったく関わりなく、裁判所による取消審査制度が存在し（50条）、上訴・監督審査を伴う（55～56条）。

このように各国の裁判所は、多くの裁量的判断契機を伴って、仲裁判断に対する重畳的な審査を繰り返す。この判断過程では、形式審査を超えて、おのずと紛争の事実関係・法律関係の詳細に立ち入った審査が起こりえよう。結論的には仲裁判断の取消しや却下といった手続法的体裁をとるけれども、その実質は紛争の実体面におよぶ判断となりうるのである。なぜ、こうした裁判所の実質的審査が追求されているのだろうか。これら諸国で国内仲裁が推進される背景に、現地法を適用する国内的紛争解決を促進する国策的意図にあるとするなら、さらに、その現地法適用の最善のフォーラムとして最終判断を裁判所に集約していこうとする、いわば国内紛争解決制度の総合構想が存在するように思われる。現地裁判に警戒感を抱く外資に配慮して、国内仲裁という次善のフォーラムを推進してはいるものの、その過程に裁判所による実質的審査を組み込むことを通じて、自国の法秩序の統一性・自立性を追及していこうとするアジア諸国の狙いが見いだされるのである。

ただしこうした仲裁と裁判の強い連続性のかたわら、アジアの仲裁法で注目されるのは、調停の可能性もまた強く追求される傾向である。インドネシア仲裁法（45〜46条）は仲裁の開始に先立ち、仲裁人が調停人をかねる形式での一種の調停前置型仲裁（Med-Arb）を制度強制している。ベトナム法（37条）では当事者の求めに応じて仲裁法廷が調停を行いうるとし、調停合意が成れば仲裁判断を経ることなく仲裁法廷の承認決定の付記のみをもって債務名義として扱っている。

以上のような調停・仲裁・裁判が連続する制度設計は、単に手続的な連続性ばかりではなく、紛争解決規範の連続性をも示唆しているであろう。

5.「逆円錐型」の紛争解決制度の理解へ向けて

本章で見渡した訴訟・調停・仲裁の諸相は、アジア諸国の紛争解決制度の多様なありかたを切り取ったそれぞれ断片であったに過ぎないけれども、しかしそれらを全体として眺めるとき、一つの動態としての絵柄が、浮かび上がってくるように思われる。訴訟の場は、所有権が全開する弱肉強食型の資本主義むきだしの実定法整備に対して、生活利益の擁護の側から修正を迫ろうとする判例法の展開可能性を秘めていた。調停の場は、実定法による拘束のもとで自由の効かない裁判官に、その拘束を緩め、真実発見と真の紛争解決への情熱を呼び醒まさせる場でありえることが示された。仲裁は、アジアの現地法を回避しグローバル・スタンダードを一方的に主張する外資の思惑を阻み、彼らをして現地の実定法・慣習法を重んじ、その発展に寄与していくことを促がす場ともなることが期待された。これらフォーラムはしかも、決して個々に孤立してはおらず、訴訟や仲裁の場で和解・調停的解決が志向されたり、仲裁が裁判所の審査に連結されていたり、また伝統的調停を裁判所へ上訴する架橋が模索されていたりと、つねに相互の交錯・連携が起こっており、このことは手続的競合による競争関係という以上に、規範的な交流機会を促がしていると思われる。

このような観察からすれば、紛争解決制度はけっして個々ばらばらに並存し利用者のフォーラム・ショッピングに供されているようには思えない。訴訟も調停も仲裁も、それぞれ紛争解決規範の探究を深めながらも相互に関係しあい、実定法と慣習法の相克から新たな規範醸成が導かれていく一連の法発展を、ともに支える絵が見える。そういう意味では「八ヶ岳」モデルでは考えにくい。かといって、裁判所の実定法適用を頂点とする静的なピラミッド・モデルではありえない。本章では裁判官が実定法に対して受動的であるばかりでなく、ときにそれを判例法で塗り替え、ときにそれを棚上げして真の紛争解決に没頭し、ときに外資の持ち込むグローバル・スタンダードと対決してそれを守る砦となるなど、能動的な姿が期待されていることをみた。それは平面的な同心円モデルでも表現しにくい動態である。おそらくより立体的に、円錐形で表現されるのではないか。しかもそれは、実定法が根本規範然として頂点に位置する正円錐ではあるまい。逆に、豊かな社会規範の広がりのなかで和解・調停が機能する上層からみれば、ずっと底の下層のほうに、溜まった澱のようにして、社会の共同合意としての実定法が認知されているという、逆円錐形で表現されるべきではないか。キリストが山上の垂訓で、私の教えは法に反するものではない、法に追加するものであると説いたように、法はきわめてミニマムな共同合意に過ぎず、多様な社会規範はその上層を成している。ミニマムな法だけを守っていればよいとする主義は、リバタリアニズムである。裁判所も仲裁も調停も、この規範の逆円錐形において主たる持ち場が指定されているとはいえ、じっさいには円錐の上下を行ったり来たりしながら、個々の紛争の性格にみあった規範選択を行い、真の解決を模索していると考えられる。

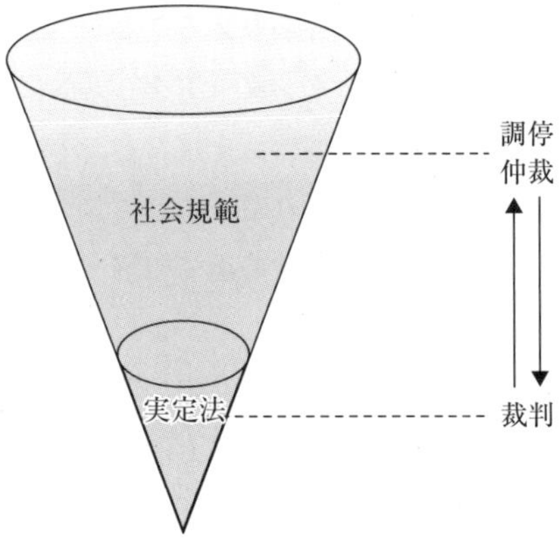

アジア法のこれからの発展は、このような動的な紛争解決の積み上げのなかで自律的に導かれていくはずである。そしてその過程に寄与する法整備支援は、そのよう

な紛争解決制度を通じた動的な規範醸成を可能にする方向で、支援メニューを意識していかねばならない。むろん、グローバル・スタンダードの移植を頂点とする、ピラミッド型や正円錐型の押しつけに終わってはならないのである。

注

1)　この意味では、UNDPの方針が見えにくい。支援現場の最前線においては、例えばUNDP（2006）やUNDP（2008a）に見られるようにEUなどとの連携で、③の慣習法擁護が追求されているのであるが、しかしUNDP本部作成の方針書は（UNDP 2008a）、慣習法を一時的に分離するとしても将来的には所有権登記制度へ取り込むことが貧困削減に資するなどとして、②の方針を明記している。

2)　たとえばインドネシアの土地紛争は普通裁判所・宗教裁判所・共同体ADRで管轄が重複するゆえに、規範対立が先鋭化しているとみられる（後述）。

3)　Law & Society Association 2009 Denver Conference, CRN24部会（2009年5月28日）における筆者報告に対するシカゴ大学Tom Ginsburg教授のコメントであった。

4)　Law & Society Association 2009 Denver Conference, CRN33部会（2009年5月29日）における筆者報告に対するペンシルベニア大学Eric Feldman教授のコメントであった。

5)　ただしこうした利用権保護的な判例法のもとでも、小作契約の存在について書面証拠を重視する判例の潮流もあり、とくに他方で1890年代半ば以降に強められていく（大判明治27.1.29（明治26年408号）等)。こうした「書証主義」の結果、利用権者側の主張はしだいに淘汰されていく傾向をもたらしたともみられている（丹羽1964）。

6)　大河（1990）はさらに、明治民法の起草が最終段階にあった1990年代末の司法のアクティビズムを評価している。明治民法草案が永小作権の縮小化に向かい、所有権に対する対抗力を制限する態度が知られていたこの時期に、大審院判例（大判明治29.10.9、大判明治30.3.5、大判明治30.6.21等）はあえて「占有・引渡」を対抗要件として、利用権者の所有権承継者への対抗を促進する判例理論を形成した。このことは立法府によって伝統的利用権が制限されていこうとする潮流に対する、司法の側からの精一杯の抵抗ともみられる。

7)　こうした日本の経験が、海外における先住民の法的闘争の文脈と融合的に比較研究され（たとえばBanner 2007)、新たな規範修正を導いていくことが期待される。

8)　UNDPが2005年開始した“Access to Justice in Ache”事業、日本JICAも一時関与したIDLOによる2006-2007年の“Post-Tsunami Legal Assistance Initiative”事業、EUが2008年から開始した“Ache Justice Project”などである。

9)　すでに2003年以降の憲法訴訟で、国家収用・インフラ民活事業への対抗において、憲法33条の国家収用規定を前文「統一主義」の解釈から制限する憲法論等が展開している。

10)　例えば、第16回米国Northwest Dispute Resolution Conference（2009年5月1～

2日、ワシントン大学）にて、とくに筆者が印象づけられたのは、Sam Imperati 報告であり、学会報告の最中を利用して満場の調停専門弁護士にアンケート調査を実施し、あなたは Evaluative 派か Facilitative 派か Transformative 派かを問うたうえで、技法について多くの質問調査を実施し、スクリーンでは回答の累計結果がリアルタイムに映し出されていくという、水際立った参加型学会報告であった。この結果、全体の圧倒的多数が Facilitative 派を自称する調停専門弁護士であったが、彼らの調停技法が Evaluative 派と酷似することが浮かび上がった。また Transformative 派は極めて少数派であったが、心理的配慮を中心とするその技法の独自性が注目された。

11） たとえば NAFTA（北米自由貿易協定）第20章セクション C “Domestic Proceedings and Private Commercial Dispute Settlement,” 2021 条参照。NAFTA 規定は、米国が牽引する世界的に多くの FTA や BIT で踏襲されている。

12） インドネシア共和国 1999 年法律第 30 号。仲裁につき初めて法律レベルで規定したものであり、全文 82 条、および公式注釈から成る。

13） 1987 年「仲裁法」に代替して新たに成立した、2002 年「仲裁法」であり、全文 47 条と付則から成る。

14） 1994 年「経済仲裁の組織と運営に関する内閣政令 116 号」に代替し、新たに国会常務委員会による法令形式「商事仲裁令」として成立した。

15） UNCITRAL（http://www.uncitral.org）が掲げる‘Status of Conventions and Model Laws’参照。

第５章の参考文献

岩崎一生（1998）「UNCITRAL 国際商事仲裁模範法の各国国内法に与えた影響」, 松浦馨・青山善充編『現代仲裁法の論点』.

石井良助（1989）『江戸時代土地法の生成と体系』.

井上治典（1993）『民事手続論』.

大河純夫（1990）「小作権の当然承継論をめぐる明治 20 年代の大審院判例について」, 乾昭三編『土地法の理論的展開』.

戒能通孝（1958）『入会の研究』.

笠井恭悦（1964）『林野制度の発展と山村経済』1964.

加藤一郎（1985）『農業法（法律学全集 50）』.

金子由芳（2003）「アセアン諸国の仲裁法の動向にみる国策的特色―投資紛争処理の視点から」,『神戸法学雑誌』53 巻 3 号.

川島武宜（1968）『慣習法上の権利』（川島武宜著作集 8 巻）.

草野芳郎（1995）『和解技術論』.

小島武司（1987）「正義の統合システムを考える―マクロ・ジャスティス試論」『民商法雑誌』78巻臨時増刊号.
小林三衛（1968）『国有地入会権の研究』.
小林昌之・今泉慎也編（2002）『アジア諸国の紛争処理制度』.
作本直行（1996）「インドネシアの土地法と多元的構造」，水本浩・野村好弘編『アジアの不動産法制（2）』.
田中学（1997）「日本の地租改正と土地所有権の確定」，水野広祐・重富真一編『東南アジアの経済開発と土地制度』.
北島正元編（1975）『土地制度史 II』.
丹羽邦男（1964）『明治維新の土地変革』.
成田頼明（1989）『土地政策と法』弘文堂.
名和田是彦・棚澤能生（1993）「地域中間集団の法社会学―都市と農村における中間集団の公共的社会形成とその制度的基礎」，利谷信義他『法における近代と現代』.
広中俊雄（1997）『民法解釈方法に関する12講』.
福島正夫（1962）『地租改正の研究』.
福島正夫（1953）『日本資本主義の発達と私法』.
北条浩（1992）『明治初年地租改正の研究』.
北条浩（2000）『入会の法社会学・上下』.
法務省法務総合研究所国際協力部（2007）『ICD News』31号.
星野英一（1986）「日本における契訳法の変遷」『民法論集（第六巻）』.
松浦馨（1998）「仲裁と国家・裁判所」，松浦馨・青山善充編『現代仲裁法の論点』.
三木浩一（2001）「仲裁制度の国際的動向と仲裁法改正の課題」ジュリスト1207号.
水野広祐（1991）「東部ジャワ農村の土地と労働」，梅原弘光編『東南アジアの土地法制と農業変化』.
和田仁孝（1994）『民事紛争処理論』.
和田仁孝（2002）「アジアにおける紛争処理研究の課題と展望」，小林昌之・今泉慎也編『アジア諸国の紛争処理制度』.
Aceh Adat Assembly（2008）*Guideline for Adat Justice in Aceh.*
Banner, S.（2007）*Possessing the Pacific.*
Bruce, J. W.（2006）"Reform of Land Law in the Context of World Bank Lending," in *Land Law Reform: Achieving Policy Objectives,*（World Bank Law, Justice, and Development Series, Bruce, J. W. et al. eds., 2006).
EU（Task Force in Land Tenure）（2004）*EU Land Law Policy Guidelines..*
Haley, J. O.（1998）*The Spirit of Japanese Law,* University of Georgia Press.
IDLO（International Development Law Organization）（2006）*Guardianship,*

Inheritance and Land: Law in Post-Tsunami Aceh.

Inge Yangesa (2007) *Forestry Law Implementation in Indonesia: Implication for Law and Judicial Reform* (Master Thesis presented to GSICS, Kobe University).

Kusano Y. & Kawata, S. (2009) "A Case in Indonesia: Project for Strengthening Reconciliation and Mediation System," presentation paper at Law & Society Association 2009 Denver Conference, May 28, 2009.

Mayer, B. S. (2004) *Beyond Neutrality: Confronting the Crisis in Conflict Resolution.*

Ramseyer, J. M. & Nakazato, M. (1989) "The Relational Litigant: Settlement Amount and Verdict Rates in Japan," 18 *J. Leg. Stud.* 263.

Ramseyer, J. M. & Rasmusen. E. B. (2003) *Measuring Judicial Independence: The Political Economy of Judging in Japan,* University of Chicago Press.

UNDP (2006) *Access to Justice in Aceh—Making the Transition to Sustainable Peace and Development in Aceh,* UNDP.

UNDP (2008a) *Making the Law Work for Everyone, Vol. II.*

UNDP (2008b) *Broadening and Backing Local Justice in Aceh: Options Paper AJP-Adat.*

Upham, F. (2005) "Political Lackeys or Faithful Public Servants? Two Views of the Japanese Judiciary," 30 (2) *Law & Social Inquiry* (Journal of the American Bar Foundation).

おわりに　総括――アジアの法整備と法発展――

本書は、アジア諸国の法発展過程に伴走しようとする、日本からの法整備支援の試行錯誤の姿を観察し、そこに合わせ鏡のようにして映し出された日本法自らの過去を回顧するとともに、その制度経験をあたかも再現するかのような苦悩を続けるアジア諸国の法整備の現状を追った。観察の焦点は、立法支援より以上に司法支援に力点の置かれた日本支援のありかたを受けて、アジア諸国の司法制度、訴訟手続、また調停や仲裁などの代替的紛争解決制度に立ち入るものとなった。

日本支援は、海外の研究者からは得てして、ODA・法務省の公的資源を投入し法学界を挙げて鳴り物入りで開始された日本版「法の移植」であるとして、またその無残な失敗談として、取り上げられがちである。しかしこれは、法整備支援の目的を優れた外国モデルの「移植」におき、その手段を探る立場からする見方である。日本支援が志してきたものはけっして、自国製の法典モデルの優越性を信じて輸出する意での「法の移植」ではない。むしろ法典以下の実定法体系をとりあえずのスタート地点として、そこから時間をかけて繰り広げられていく規範形成のダイナミズムそのものを、日本法の自らの経験知として語ろうとしてきた支援であったと理解される。もしこのような経験知の伝授をも「移植」と呼ぶというならば、その移植の主体はドナーではなく、また現地の立法過程を動かす一握りの法エリートでもなく、むしろ日々の紛争解決現場で実定法規範の変容を促しつづける民衆の側であり、またこれに応えようとする裁判官・法曹に他ならないはずである。

日本の法整備支援をこのような現地社会主体の法発展にとっての伴走者として捉える場合に、その支援の成否はいまだ語る段階にはない。むしろ成功の始まりともいうべきポイントにあろう。たとえ日本支援が起草した法典草案が、立法過程を無傷で通過することが叶わなかったとしとも、それじたいは失敗ではないどころか、むしろ現地主体の自律的法形成への第一歩として喜ぶべきことである。日本支援の主眼は、支援専門家らが最も意を砕いてきた要件事実論・事実認定手法・判決書マニュアル・判例参照システム・和解技術論などの、主に裁判官の独立性と役割強化のための制度保障に仕向けられてきた。これら一連の技術的支援は、現地側に徐々に受け入れられ、その成果としてこれからの時代に現地社会主体の法発展が動き出すならば、その礎の一つとなりえたことをもって、ドナー支援としては冥利に尽きるはずなのである。

アジア諸国の紛争解決現場は、現に、それぞれ魅力的な様相を呈して変化のさなかにある。その変化を促がしているのは、本書で主に土地紛争をめぐってみたように、民衆の側からする切実な生活権の主張である。訴訟の場は、ときにベトナムの下級審に見られたように、民衆の声に応えようとして逆に規範的柔軟性が行きすぎ、系統だった法解釈・判例形成がこれからの課題である例も見いだされた。WTO 時代の外圧を体して、今後は実定法整備とその統一的適用のコントロールがいっそう強まっていくことが予測されるだけに、早晩彼ら裁判官は、日本の裁判過程で追求されてきたように、実定法の枠内における緻密な法解釈を判決書で展開する自己正当化を余儀なくされていくと思われる。要件事実論・事実認定論・判決書マニュアル・判例参照システムといった日本の法整備支援メニューが生きてくるのは、このような実定法との相克の文脈においてであると考えられる。

インドネシアやカンボジアの普通裁判所では、訴訟の場は、なおも硬直的な実定法適用の場でありつづけ、民衆の規範修正の呼び声に対して冷淡であるかにみえた。しかしこれを穴埋めするかのようにして、インドネシアのシャリア裁判所・宗教裁判所や、カンボジアの NGO 主導の司法闘争の過程では、紛争処理制度間の連携を強める架橋努力が始まっていた。日本支援がそこで和解技術論を説き、実定法の拘束を超えて真の紛争解決に乗り出す裁判官像を語るとき、これを熱烈に歓迎するシャリア裁判官や村落調停リーダーたちの姿があった。それはたとえ「顔のない」と称される現代日本の裁判官のあいだでは稀有なようにみえても、日本の近代化過程の裁判官が生きた社会経済変動の時代には当たり前のものであったかもしれない。

日本からアジアへの法整備支援は、これからも、欧米流のモデル移植とは一線を画し、アジア法の内的発展に寄り添う方向で進むことが期待される。実定法が紛争解決過程の社会規範とのインタラクションのなかで修正され発展しつづけていく制度条件を、引続き研究支援するとともに、判例動向から「生ける法」の展開を読み解く評釈研究などにも、より深い関心が向けられていくことが期待されるだろう。

日本の法曹・研究者がアジアの法発展に関与しながら観察を続けるとき、おのずと、鏡に映った日本法の自己像がクリアになっていく。近世秩序から断絶し、近代法構築へと一辺倒に邁進した日本の実定法の軌道が「表」の世界の近代法制史だとするならば、その「裏」の法制史はいまだ説き明かされつくしてはいない。そこでは日本自身の実定法と慣習法の交錯しあう「生ける法」の史的展開が、あまりに豊かな経験知としていまだ眠っている。日本の法学教育研究において扱われてきた近代実定法をまさに氷山の一角として、その背後に横たわる深層の自己像を、アジア法研究は合わせ鏡の向こう側から、明るみに示しだしていってくれることであろう。

■著者紹介

金子　由芳　（かねこ　ゆか）

神戸大学大学院国際協力研究科教授。法学博士。
東京大学法学部卒業後、日本輸出入銀行（現・国際協力銀行）、広島大学大学院国際協力研究科助教授、神戸大学大学院国際協力研究科助教授を経て、2005年から現職。

アジアの法整備と法発展

2010年4月30日　初版第1刷発行

■著　　者――金子由芳
■発 行 者――佐藤　守
■発 行 所――株式会社 **大学教育出版**
〒700-0953　岡山市南区西市855-4
電話（086）244-1268　FAX（086）246-0294
■印刷製本――サンコー印刷㈱

ISBN978－4－88730－978－4